바깥의
존재들

조디 헤어 지음
최인 옮김

바깥의
존재들

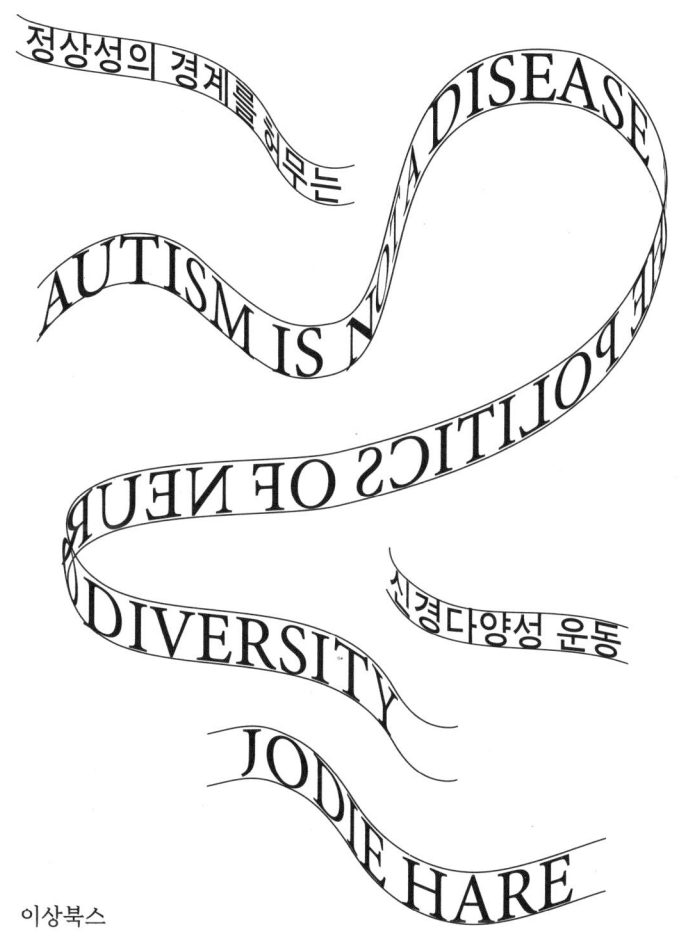

정상성의 경계를 허무는

AUTISM IS NOT A DISEASE

THE POLITICS OF NEURODIVERSITY

신경다양성 운동

JODIE HARE

이상북스

CONTENTS

서문 9

1장 • 신경다양성, 개념을 넘어 운동으로

의미는 어떻게 확장되어왔나 34

다양한 접근, 다른 가능성 43

지금, 이 운동이 필요한 이유 49

2장 • 신경다양성은 왜 사회적 의제가 되었나

억압의 구조를 넘어, 신경다양성과 해방의 정치 66

상품이 되길 거부한 정체성 74

3장 • 장애정의 운동과의 만남

연대를 넘어, 경계를 확장하다 94

4장 · 노동과 빈곤, 그리고 살아가는 조건들

우리는 무엇을 바꿔야 할까 119

인식을 넘어 마음가짐까지 126

복지는 누구를 위한 것인가 131

공공 서비스는 충분한가 134

일을 배울 권리 138

5장 · 신경다양성, 다음 세상을 상상하다

언어가 만든 세계, 언어가 바꿀 세계 145

돌봄 위기에 답하다 148

이해의 지평은 어디까지 넓어질 수 있을까 154

미래를 상상하는 힘 158

신경다양성 운동이 품은 변화의 잠재력 161

감사의 말 163

더 알기 위한 정보 164

주 166

장애물 없이 자유롭게, 더 행복하게, 더 사랑하며, 풍요로운 삶을 살고자 고군분투하는 모든 행위는, 이곳을 넘어 우리가 만들어갈 새로운 세상을 위한 것이다.

–《다르게 상상하는 실험》*Experiments in Imagining Otherwise*,
롤라 올루페미

서 있는 것만으로도 고통스러울 때가 있다. 흥미진진하거나 대단하거나 특이한 사연이 있지는 않더라도, 누군가 절실히 당신의 도움을 필요로 할 때, 단지 그를 돕기 위해 당신이 할 수 있는 일을 해야 할 때가 있다. 그러나 그렇게 한다고 해서 우리가 더 나은 사람이 되거나 더 나쁜 사람이 되지는 않는다. 사실 그 경험은 우리에게 어떤 영향도 없다. 언젠가 우리도 누군가에게 도움을 요청해야 하는 날이 올 수도 있다고 상상해보는 짧은 한순간만을 빼고는.

–《비명 지르게 하라, 불타오르게 하라》(반비, 2023, 번역은 역자의 것),
레슬리 제이미슨

이 책을 읽기 전에

- 신경다양성(神經多樣性, neurodiversity)은 뇌신경의 차이로 인해 발생하는 다름, 즉 자폐 특성, 지적스펙트럼, ADHD, 학습장애, 사회소통장애 등을 생물학적 다양성의 한 형태로 인식하는 관점이다.

- 영미권에서는 'learning disability'가 한국에서 말하는 '학습장애'보다 더 포괄적인 '발달장애'의 의미로 사용되는 경우가 많아서 '발달장애'로 번역했다.

- 영어에서 'political movement'와 'politic'은 사회적·문화적 권력관계 전반을 아우르는 개념이라서 좁은 의미의 '정치(적)'와는 그 개념 범위가 조금 다르다. 이에 따라 대부분 '사회적' 또는 '사회정치적'으로 옮겼다.

- 'diagnosis'는 일반적으로 '진단'이라는 의미지만, 이 책에서 작가는 자폐를 질병으로 취급하지 않는 입장에서 이 용어를 사용한다. 한국어에서 '진단'이 지니는 병리적 의미와는 결이 다르므로 문맥에 따라 조금씩 다르게 번역했다. 의학적 의미가 강조될 때는 '진단'으로 번역했고, 자폐적 성향을 지칭할 때는 '특성' 또는 '정체성' 등으로 번역했다.

- 'model'은 주로 의학적 모델/사회적 모델의 형태로 쓰였는데, 지나치게 학술적인 느낌이 있어서 필요에 따라 '사회적 관점' '의학적 관점'이라고 번역했다.

- 원서의 주는 책 맨 뒤에 두었고, '역자 주'는 본문에 괄호로 처리하고 '옮긴이'라고 적었다. 편집자 주는 각주로 달았다.

2016년 여름, 나는 정신과 병동에서 한 달을 보냈다. 내 인생에서 가장 힘들었던 경험 중 하나다. 그리고 몇 달 후 입학한 대학에서 첫해를 겨우 버티며 지독한 우울에 빠졌다. 친구들과 어울리기 힘들었고, 왜 아무리 노력해도 그 애들을 따라잡을 수 없을 것 같은 기분이 드는지, 왜 사람들과 어울리거나 관계를 이어 나가는 사소한 일들이 진창길을 걷는 것처럼 힘들게 느껴지는지 이해해 보려고 애썼다. 끊임없이 소외감을 느꼈고, 마음속에 내재된 무언가가 나는 절대 괜찮은 사람이 될 수 없을 거라고 속삭이는 것 같았다. 끝없는 우울감을 도저히 떨쳐버릴 수 없었고, 내가 삶을 포기하기만 한다면 사랑하는 사람들의 짐을 덜어줄 수 있을 것이란 생각까지 들었다.

사랑하는 사람들과 상담사의 인내심과 배려 덕분에 그해 여름을 무사히 넘겼다. 그러나 정신적인 문제는 계속되었고, 나는 힘든 일을 겪은 다른 사람들의 이야기가 담긴 책과 기사를 찾아보면서 내가 말로 표현하지 못한 느낌을 다른 사람들은 묘사해 두었기를 바랐다. 그러던 어느 날 우연히 한 젊은 여성의 글을 발견했다. 그동안 몇몇 의사들이 진단서에 적었던 바로 그 병명을 진단받은 사람이었다. 정서적으로 불안한 인격장애, 즉 경계성 인격장애라고 불리는 병으로, 진단이 쉽지 않은 복잡한 트라우마를 가진 사람들을 손쉽게 낙인찍을 때 적용되는 진단명이었다. 내 증상도 여기에 해당하는지 어떤지 상담사와 논의해 본 적이 있다. 일부 증상이 있긴 하지만 내가 겪는 증상과 전부 일치하지는 않아서 나는 경계성 인격장애가 아니라는 결론이 났다. 그 글 저자는 자신도 경계성 인격장애 진단을 받았지만 그 진단이 적절치 않다고 느꼈다고 했다. 치료를 더 받고 나서야 오진이었다는 사실을 알았으며, 사실 자신은 자폐(autistic)였음을 알게 되었다고 했다.[1]

당시 나는 자폐에 대해 잘 알지 못했다. 자폐인에게 다양한 도움이 필요하다는 것과 자폐 증상이 사회성에 미치는 영향에 대해서만 알고 있었다. 그러나 그때까지 내가 만났던 자폐인은 전부 소년이나 남자였기에, 내가 생각하는 자폐인에 대한 이미지도 백인 남성으로 굳어져 있었다. 친구라고는 전혀 없고, 더스틴 호프만이 영화 〈레인 맨〉에서 연기했던 자폐인 레이먼드에 가까운 그런 사람. 내가 아는 자폐인들은 모두

어릴 때 자폐 진단을 받았다. 내게도 자폐 증상이 있었다면, 내 주변 사람들이 놓쳤을 리 없었다.

의사와 논의하기 전 자폐에 대해 알아보면서 나는 사람들의 개인적 경험, 그중에서도 나와 쉽게 비교해 볼 수 있는 젊은 여성들의 사례를 많이 읽어보았다. 많은 연구가 진행되고 있었음에도 성별, 인종, 계층 등에서 소외된 정체성을 가진 사람들에 관한 연구는 부족했다. 기존 사례 연구 중 상당수가 백인 중산층 어린 남자아이에 초점을 맞추고 있었기 때문이다.

결국 나는 지역 보건의를 방문해 의견을 물어보면서 수년 간 무수한 진단을 받았지만 여러 의사들이 내린 이런저런 진단이 정말 맞는지 모르겠다고 털어놓았다. 보건의는 내게 자선 단체 MENCAP을 소개해 주었고, 나는 그곳의 도움을 받아 몇몇 기초 검사를 받았다. 거의 3년간 대기자 리스트에 이름을 올리고 기다린 결과, 2020년 여름 마침내 머슬리병원에서 공식 진단을 받았다.

이 무렵 나는 자폐인들이 모인 온라인 커뮤니티를 발견했다. 나와 비슷한 삶을 사는 사람이 많다는 사실에 놀랐고, 내 경험이 낯설고 이상한 혼자만의 일이 아니라는 사실에 안도했다. 혼자만 다른 별에서 온 것처럼 외롭게 느껴지거나 다른 사람과의 상호작용이 극도로 어려웠던 것은 나뿐만이 아니었다. 청소년 때 나는 사회적 신호를 잘못 읽거나 사회적 위계를 잘못 이해해 의도치 않게 사람들과 갈등을 빚은 일이 무수히 많았다. 내가 충분히 상호적이라고 생각하며 정성을 쏟았던 관계가 생각만큼 견고하지 않아 우정이 깨지는 일이 반복적으로 발생했고, 그마저도 주변 사람들이 내 행동을 참아준 것이란 사실을 깨닫게 되는 경우가 많았다.

오랫동안 당황과 좌절을 겪은 뒤 대학에 입학했지만, 사회적 불안은 이전보다 더욱 큰 걸림돌이 되었다. 내가 속할 곳을 영원히 찾을 수 없을지 모른다는 불안한 기분에 휩싸여 몇 년을 더 버티다가 마침내 온라인 세상 한 귀퉁이에서 위안을 찾은 것이다. 수많은 사람이 내가 공감할 수 있는 약점을 서로 털어놓으며 교류하고 있었다.

나는 그곳에서 경험을 말로 표현하는 방법을 배우며 힘을 얻었다. 그러나 세상을 이해하고 살아가는 방식이 다른 사람들과 다르다는 이유로 수많은 자폐인이 충격적인 일을 겪거나 계속 타박받는다는 사실이 슬프기도 했다. 글을 읽으면 읽을수록 속이 상했다.

화를 내는 것은 나뿐만이 아니다. 지금까지 우리는 줄곧 목소리를 높여왔다. 내가 가입한 많은 커뮤니티에서는 '신경다양성'(neurodiversity)이라는 말을 쓴다. 신경다양성이란 일반적으로 널리 쓰이는 '자폐'나 '장애'라는 단어보다 가치중립적인 말이며, 신경다양성 운동은 더 나은 세상을 만들고자 하는 사람들이 함께 시작한 사회적 운동이다. 나는 몇 년 동안 페미니즘과 성소수자론에도 관심을 가져왔다. 신경다양성 운동에 대해 더 많이 알아갈수록, 이 운동에서 지향하는 세상이 신경다양성 장애를 겪는 사람들뿐 아니라 더 많은 사람에게 도움이 된다는 사실이 명확해졌다.[2]

내게 신경다양성 운동이 중요한 이유는, 나와 신경다양성 특성을 가진 소중한 내 지인들이 세상을 남들과 다르게 이해하고 접근한다는 이유로 차별을 겪어왔기 때문이다. 이런 차별과 무시는 정신건강을 악화시키는 결과로 이어지기도 한다. 실제로 자폐가 있는 여성 네 명 중 한 명은 25세 전후 정신질환으로 입원한다는 통계도 있다.[3] 나 또한 정신과 병동에 입원한 경험이 있다. 스웨덴에서 진행된 연구에 따르면, 자폐인 여성이 정신질환에 걸릴 확률은 자폐가 없는 여성보다 5배, 자폐인 남성보다 2배 가까이 높았다. 정신건강 문제 증가는 신경다양인 집단 전체에 영향을 미치며, 자살률을 높이는 요인이 되기도 한다.[4] 자폐인의 기대 수명이 36세 정도에 불과하다는 추정치도 이 현실을 뒷받침한다.[5]

점점 신경다양인(neurodivergent)이 늘어나고, 더 많은 사람들이 자신의 신경다양성적 특성을 수용하고 있음에도 여전히 많은 신경다양인들은 불안정하고 어려운 환경 속에서 살아가고 있다. 우리는 이런 불합리한 현실을 그대로 묵인해서는 안 된다. 신경다양인도 다른 사람들과 마찬가지로 살아가는 동안 행복한 삶을 누릴 권리가 있음을 인식하고, 우리 사회에 이런 의견이 충분히 반영되었음을 느낄 수 있어야 한다.

이 책은 신경다양성이라는 개념을 처음 접하는 독자들에게, 신경다양성 운동이 자유를 위한 투쟁에서 왜 중요한 역할을 하는지 설명하고자 한다. 신경다양인들이 사회의 도움을 받으며 안전하게 살아갈 수 있는 세상을 만들려면 장애, 계층, 인종, 성별, 성적 지향 등으로 소외당하고 있는 집단의 차별을 가중시키는 제도적 불평등을 해소해야 한다.

그러나 신경다양성에 대한 이해가 더욱 깊어지고 있음에도 불구하고 그 본래 의미는 점차 왜곡되고 있다. 신경다양성이라는 단어는 사회적 잠재력을 박탈당하고 있다. 게다가 이를 시장성 있는 속성으로 여기는 경우가 늘고 있다. 이제 기업들은 신경다양성 직원들을 어떻게 활용하면 이윤을 극대화할 수 있을지에만 관심을 둔다. 〈하버드 비즈니스 리뷰〉는 "신경다양성은 경쟁적 이점이다"라는 기사에서, "신경다양인의 잠재적 가치는 크지만, 이를 위해서는 회사의 관리자들이 불규칙한 퍼즐 조각을 맞추는 수고를 해야 한다"고 결론짓기도 했다(여기서 '불규칙한 퍼즐 조각'은 신경다양인 개개인을 비유한 표현이다).[6]

어떤 이들은 '신경다양성'이라는 용어가 단지 '장애' 등 부정적 의미가 있는 단어보다 고상해서 주목받는다고 생각하기도 한다.[7] 신경다양성이 장애를 완곡하게 표현하는 용어라고 생각하는 것은 장애인 차별주의의 영향이다. '장애'라는 말은 무조건 피하고 부끄러워해야 하는 것이며, 개인 특성으로 받아들이기 힘들다는 인식이 여전히 남아 있기 때문이다.

'신경다양성'이 그저 장애의 완곡한 표현으로만 쓰인다면 이는 운동의 취지를 반영하지 못할 뿐만 아니라 이 운동에 참여하는 사람들이 '장애'라는 단어를 부끄러워한다는 말이 되는데, 이는 사실이 아니다.[8] 신경다양성 운동의 핵심 가치를 지지하는 자폐인으로서 나는 슬퍼진다. 신경다양성은 사회의 긍정적 변화가 시작되는 출발점이며, 나는 이러한 신경다양성의 잠재력이 간과되지 않았으면 한다.

오랫동안 사상가들은 소외된 집단이 억압받음으로써 사회 시스템이 어떻게 강화되고 유지되는지 설명해왔다. 유명한 페미니스트이자 정치활동가 앤젤라 데이비스는, 인종차별을 이용해 불평등을 심화하는 인종자본주의를 근절하지 않으면 인종차별도 뿌리 뽑을 수 없다고 했다. 비슷하게 가부장제가 지속되지 않으면 동성애에 대한 혐오도 확산되지 않는다는 주장도 있다. 그러므로 신경다양성이라는 이름으로 우리 사회를 변화시키려면 차별과 빈곤이라는 더 광범위한 문제까지 해결해야 하며, 의료와 교육은 물론 그 외의 문제까지 다루어야 한다.

해방을 위한 모든 대의와 본질적으로 연결된 사회적 캠페인으로서 신경다양성을 이해한다면, 우리도 더욱 넓은 시야를 가지게 된다. 이를 위해서는 다양한 문제를 연결하여, 한 가지 문제를 해결하는 것이 어떻게 다른 문제의 해결로 이어지는지 생각해 봐야 한다. 신경다양성 작가이자 예술가로 활동하는 마르타 로즈는 "신경다양인들의 해방은 모든 사람과 생명체가 자유를 향해 나아가는 큰 흐름 안에서만 일어날 수 있다"고 한 적이 있다.[9] 이 문장을 역으로 하면 '모든 사람이 신경규범성에서 해방될 때 신경다양인 역시 신경규범성에서 자유로워질 수 있다'가 된다. 두 문장 모두 이 책의 핵심 사상을 드러낸다고 할 수 있다. 신경다양성 운동은 장애를 사회 불평등 문제로 바라보는 관점을 토대로, 정의와 평등을 추구하는 투쟁의 일부로서 끊임없이 성장하고 있다.

이 책을 통해 신경다양성 운동과 다른 사회 운동이 어떻게 연관되어 있는지를 파악하고, 이런 운동들과의 연결 고리를 구축함으로써 신경다양성이라는 용어의 사회적 영향력을 강화하는 동시에, 신경다양인들과 다른 모든 사람에게 더 나은 세상이 어떤 모습일지에 대한 답을 찾아갈 수 있기를 바란다. 인류학자 데이비드 그레이버가 말했듯, "세상의 궁극적 진실은 우리가 만들어가는 것이며, 얼마든지 달라질 수 있기에."[10]

***

사회적으로 다양한 오해를 받는 증상인 자폐는 신경다양성 운동의 중심을 이루고 있다. 호주의 사회학자 주디 싱어는 자폐를 주제로 한 1998년 논문 "특이한 사람들"(Odd People In)을 통해, 학계에서 처음으로 '신경다양성'이라는 용어를 사용했다.[11] 인터넷 접속이 보편화되고 온라인 채팅방이 점차 인기를 얻어가던 시기에 작성된 싱어의 논문은, 온라인 공간에서 소통하며 성장한 자폐인 커뮤니티와 함께 발전했다.

오늘날 싱어는 신경다양성의 '대모님' 같은 존재로 여겨진다. 그러나 자폐인 커뮤니티의 역사를 더 깊이 들여다보면 사실 이 용어는 마르테인 데커의 '자폐 스펙트럼의 독립생활

메일링 리스트'(InLv) 같은 공간이나, '자폐 네트워크 인터내셔널'(Autism Network International)이 창설될 당시 짐 싱클레어 같은 자폐 운동가들이 참여한 토론에서 탄생했다는 것을 알 수 있다. 자폐인이 주도하는 이런 공간에서 처음으로 인터넷을 통해 연결된 신경다양성 커뮤니티들은 서로의 경험을 공유하고 신경학적 다양성이 지닌 가치와 의미를 논의하며 점차 성장해 나갔다.[12]

자신과 비슷한 삶을 살아가는 사람이 많다는 사실은 자폐인들에게 연대감과 힘을 주었고, 주류 사회의 시선과 상관없이 자신들도 가치 있는 삶을 살 권리가 있다는 확신을 심어주었다.

신경다양성 커뮤니티의 규모가 커지고 그 안에서 다양한 논의가 오가는 만큼, 신경다양인의 분류 기준을 명확하게 정하는 것은 사실상 불가능하다. 신경다양인에 누구를 포함해야 하는지에 대한 논의도 계속되고 있다. 신경다양성은 원래 자폐인을 중심으로 형성된 개념이었으나 오늘날에는 아래 진단을 받은 사람들도 신경다양성 범주에 포함된다.

- ADHD
- 난독증

- 난산증
- 실행장애
- 발달장애
- 후천적 신경질환(외상성 뇌손상 등)
- 다운증후군
- 조현병
- 치매
- 파킨슨병
- 양극성 장애와 같은 장기적인 정신건강 문제

이런 진단이 중요한 이유는 누군가의 본질적인 정체성을 형성하는 데 큰 영향을 미치기 때문이다. 일시적이거나 치료가 가능한 병과는 달리, 이러한 진단은 당사자가 주변 세상을 이해하는 방식, 외부 정보를 처리하는 방식, 세상을 살아가는 방식에 영향을 미친다. 다음은 '자폐 네트워크 인터내셔널'의 창립 구성원 중 하나였던 짐 싱클레어가 국제 자폐 컨퍼런스에서 발표한 연설 "우리를 위해 슬퍼하지 마세요"의 일부다.

자폐는 그 사람의 일부 특성만을 의미하거나, 그 사람이 갇혀 있는 '껍질' 같은 것이 아니다. 자폐 뒤에 정상적인 아이가 숨겨

져 있는 것이 아니다. 자폐 그 자체가 하나의 존재 방식이다. 자폐는 모든 경험, 감각, 인식, 사고, 감정, 만남 등 존재의 모든 면을 넓게 물들이며 영향을 미친다. 자폐인에게서 자폐를 분리하는 것은 불가능하다. 분리할 수 있다 하더라도, 자폐에서 벗어난 사람은 원래의 그가 아닐 것이다.[13]

주디 싱어는 자신의 어머니와 딸이 자폐에 속하고 자신도 자폐임을 깨닫게 되면서, 메일링 리스트(InLV) 같은 자폐 온라인 커뮤니티에 참여하게 되었다. 싱어는 커뮤니티 회원들을 인터뷰하면서, 그들을 대표할 수 있는 개념과 신경다양성을 새로운 시각에서 바라보아야 한다는 말에 귀를 기울였다. 그는 사람들과 심도 있는 논의를 나누었고, 새롭게 알게 된 내용을 학문적 맥락에 적용했으며, 책에 이렇게 쓰기도 했다. "나에게, '자폐 스펙트럼'은 '신경다양성의 사회적 인식을 넓히고 이를 통해 사회가 변화를 이루도록' 이끄는 역할을 한다는 점에서 의미가 있다."[14]

싱어는 신경다양성 운동이 사회 변화를 목표로 만들어졌으며, 다른 사회적 운동과 맞닿아 있다는 점에서 '사회 변화의 패러다임'을 제시한다고 항상 강조했다.[15] 그러나 이런 시도에도 불구하고, 이 용어의 사회적 잠재력에 대한 분석은 아직 거의 없으며 다른 해방 운동과 어떻게 연계되는지에 관한 연구도 부족한 실정이다. '신경다양성'은 원래 급진적인 사회적 연대 및 '정상성'에 대한 인식 해체, 체계적 변화 요구를 위해 만들어진 용어였다. 그러나 바로 이런 이유 때문에 오히려 그 의미가 점차 희석되고 있다. 이 책의 목표는 이러한 이해의 부족을 보완하고, 신경다양성을 사회 변화를 위한 운동으로 명확하게 제시하는 것이다.

신경다양성 운동은 다양한 요소로 구성되어 있지만, 운동의 핵심은 자폐를 의학적으로 병리화하는 사회적 관행에 근본적으로 반대한다는 점에 있다. 이 관점에서 출발하면, 신경다양성 운동의 의도를 더 깊이 이해할 수 있을 것이다. 신경다양성 운동은 인지장애에 대한 가치 판단을 내리거나 그러한 판단을 바탕으로 누군가의 삶이 가치가 있는지 없는지 결정하려는 시도를 거부한다. 또 장애를 개인의 문제로 병리화하고, '정상' 기준에 미치지 못하는 것을 장애인의 본질적 결함으로 보는 접근법 역시 거부한다.

신경다양성 운동은 사회가 임의로 정한 '정상' 뇌와, 그와 다르게 기능하는 뇌를 비교하면서 정상의 기준을 정의하는 우리 사회의 관습을 해체하고, 그 기준의 이면을 들여다볼 것을 요구한다. 정해진 기준에서 벗어난 사람들을 비정상이라고 규정하는 대신, 그들의 존재를 당연한 생물학적 다양성의 결과로 인정한다. 그들을 충분히 지원하지 못한 우리 사회의 잘못을 인정하며, 신경다양인도 존중받고 안정적으로 살아갈 수 있는 세상을 만들어 나가야 한다고 주장한다. 다음은 장애 권리 운동가 미아 밍거스의 말이다.

우리는 '장애인도 일반인과 다르지 않다'는 동일성에 기반한 평등 모델에서 벗어나 차이를 받아들이고 특권에 맞서며 모든 영역에서 '정상'으로 여겨지는 기준에 도전하는 방식으로 나아가야 한다. 우리는 단순히 특권의 틀 안에 포함되고 싶은 게 아니다. 우리는 그 틀과 이를 유지하는 구조 자체를 해체하려는 것이다.[16]

독자 여러분도 신경다양성에 대한 이해를 전환하고, 신경다양인과 함께 살아가기 위해서는 어떻게 해야 하는지 생각해 보기를 바란다. 또 사회 전반의 모든 소외된 집단이 받는 차별과 억압을 밝히고, 장애인에게 해가 되는 사회 시스템과 맞서 싸우도록 독려하고자 한다.

이 책은 '신경다양성' 개념을 탐구하고, 그 정의가 어떻게 변화해 왔는지를 살펴볼 것이다. 또 신경다양성 운동이 다른 사회 운동들과 어떻게 연결될 수 있는지, 신경다양성의 사회적 영향력을 축소하거나 상업화하는 태도를 왜 경계해야 하는지 설명한다. 나아가 장애정의 운동과의 연관성을 논의한 후에는 신경다양인과 그 가족이 직면하는 삶의 현실, 경제적 여건 등의 문제를 살펴보고, 앞으로 우리가 어떤 변화를 만들어나갈 수 있을지, 해방을 향한 여정이 어떤 모습일지에 대한 방향을 제시한다.

이 책의 많은 부분은 자폐와 자폐인의 경험에 초점을 맞추고 있다. 내가 가장 잘 아는 주제이기 때문이다. 하지만 이 책에서 다루는 논의는 모든 신경다양인의 미래에 폭넓게 적용될 수 있으며, 또 반드시 그래야 한다는 점을 분명히 밝힌다. 급성장 중인 신경다양성 운동에서는 매일 새로운 논의가 이어지며, 내가 이 글을 쓰고 있는 지금도 새로운 아이디어와 접근 방식들이 끊임없이 생겨나고 있다. 그렇기에 이 책의 상당 부분은 가까운 미래, 혹은 더 먼 미래에는 쓸모없어질지도 모른다. 매우 바람직한 일이다.

1장

신경다양성,
개념을 넘어 운동으로

1999년, 주디 싱어는 영국의 오픈 유니버시티에서 발행한 학술지 시리즈 〈장애 담론〉(*Disability Discourse*)에 기고한 글 "'한 번만이라도 정상처럼 행동할 순 없을까?' '이름 없는 문제'에서 새로운 다양성의 범주가 되기까지"를 통해 자신이 다르다는 걸 인식하면서도 그 '고유한 신경학적 차이'를 설명할 용어를 찾지 못했던 사람들이 함께 성장시킨 커뮤니티를 소개했다. 싱어는 새로운 장애 범주가 등장했음에도 학계가 제대로 주목하지 않는 현실을 꼬집으며 다음과 같이 말했다.

'신경학적 차이'라는 범주는 계급, 성별, 인종으로 나뉘는 익숙

한 사회적 범주에 새롭게 추가된 개념으로, 장애의 사회적 모델에 새로운 시각을 제공할 것이다. 신경다양성의 부상은 기존 고정관념을 더욱 철저히 해체하고 다양한 신경 스펙트럼의 가능성을 수용함으로써 포스트모더니즘의 해체 경향을 한층 더 발전시킨다. 포스트모던 시대가 기존의 견고한 신념을 무너뜨렸듯, 우리가 너무나 당연하게 여겨온 믿음—정도는 조금 다를지언정, (눈에 띄는 장애가 있지 않은 한) 우리가 모두 비슷한 방식으로 보고, 느끼고, 만지고, 듣고, 냄새 맡고, 정보를 처리한다고 여겨온 생각—도 해체되고 있다.[1]

신경다양성이라는 용어는 주디 싱어에 의해 대중화되었지만, 원래는 자폐·신경다양인 커뮤니티에서 만들어졌다. 신경다양성은 인간이 세상을 이해하는 방식에 대한 새로운 관점을 제시했으며, 사회에서 낙오자로 치부되거나 차이로 인해 고립된 사람들의 경험에 새로운 의미를 부여했다. 싱어의 표현을 빌리자면, 이들은 "조롱과 심각한 괴롭힘부터 차별과 학대까지 감내해야 하는 상황에 맞서 싸우기 시작한" 사람들이다.[2] 싱어는 당시 '장애' 분류의 세 가지 범주—신체장애, 지적장애, 정신장애—가 '고기능' 자폐인이나 아스퍼거증후군이 있는 사람들을 제대로 설명하지 못한다고 생각했다(이는 싱어의 주요 연구 주제였으며, 뒤에서 다시 다룰 것이다). 이런 한계를 인식한 싱어는 이들을 '사회적 소통 장애'라는 개념으로 설명했다.

본질적으로 신경다양성은 기존 장애 패러다임을 거부하는 사회 운동이다. 과거 무시되던 차이를 새로운 범주로 정의하는 동시에, '정상' 뇌와 '비정상' 뇌라는 이분법적 개념을 고착화하고 '정상' 뇌를 가진 사람들에게만 특권을 부여하는 기존 구조를 거부한다. 신경다양성 운동은 자폐인과 신경다양인이 다른 사람들에 비해 타고난 '결함'이 있다고 판단하지 않는다. 이들은 단지 출현 빈도가 낮은 신경 인지 기능을 가졌을 뿐이며, 주류 사회 헤게모니에 접근하지 못하기 때문에 '장애를 겪고 있는' 것으로 여겨질 뿐이다.

그다지 급진적인 생각처럼 보이지 않을 수도 있지만, 신경다양인들이 일상적으로 겪는 차별을 떠올려보면 충분히 혁신적인 생각이다. 이러한 차별은 장애인 차별주의를 바탕으로 강화되며, 우리 사회에 뿌리 깊게 자리 잡은 채 기준에서 벗어난 사람들을 소외시키고 비난하는 구조를 지속시킨다. 이런 구조는 자폐가 장애로 규정된 맥락과도 깊은 관련이 있다.

자폐는 오랫동안 '소아 정신분열증' 또는 '정신박약' 등 다양한 이름으로 불리다가, 끊임없이 변화하는 사회적 환경 속에서 현재 사용하는 '자폐'라는 명칭을 얻었다. 이 혼란스러운 변천사는 자폐에 대한 해석을 더욱 다양하게 만들었으며, 유전학과 정신의학의 역할 변화, 성장하는 사회 운동과도 밀접하게 연관되어 있다.

대부분의 사람은 '자폐'(autism)라는 용어가 오스트리아 정신과 의사 레오 카너의 1943년 논문에서 처음 사용되었다고 알고 있다. 그러나 실제로는 1911년 오이겐 블로일러가 조현병을 연구하면서 처음 자폐 개념의 초석을 세웠다. 블로일러는 환자들이 '불만족스러운 현실'을 회피하기 위해 환상과 환각에 빠지는 현상이 '자폐적 사고'라고 설명했다. 그로부터 수십 년 후, 카너가 세상에 처음으로 자폐 개념을 소개했다. 그는 자폐와 조현병을 구분하고, 자폐로 분류되는 아동의 행동 특징을 명확히 정의하여 자폐 연구의 기틀을 마련했다. 카너가 초기 연구에서 아동기에 주목한 것은, 이후 그가 세계 최초의 아동 정신의학 서적을 집필하는 계기가 되었을 뿐 아니라, 오늘날 자폐 연구 방향을 설정하는 데에도 중요한 토대가 되었다. 그러나 현재의 자폐 연구는 여전히 아동에게만 집중되어 있어 자폐 성인에 대한 연구는 부족한 실정이다.

비슷한 시기인 1940년대, 비엔나에서 활동한 한스 아스퍼거 박사가 있었다. 그가 1944년에 발표한 논문은 1980년대에 이르러 로나 윙이 재조명한 후에야 널리 알려졌지만, 자폐 '스펙트럼' 개념을 확장하는 데 크게 기여했다. 아스퍼거는 한동안 자폐 연구의 선구자로 칭송받았고, 과거엔 그의 이름을 딴 '아스퍼거증후군'이라는 용어가 사용되기도 했다. 그러나 비교적 최근에서야 그가 나치 정권에서 수많은 장애 아동의 죽음에 관여했다는 사실이 밝혀졌다. 아스퍼거는 자폐 아동을 "나치의 이상적 가치에 반하는" 존재로 묘사하면서, 수많은 환아와 장애아를 비엔나의 암 슈피겔그룬트 병원으로 보내는 데 가담한 것으로 추정된다. 병원에서는 바르비투르산을 이용해 아이들을 살해했다.[3]

이처럼 자폐 역사는 나치의 우생학 정책과 깊은 연관이 있다. 아스퍼거는 자폐 아동을 나치 이상향인 '위대한 유기체적 사회'에 어울리지 않는 존재로 간주했다. 자폐인을 결함 있는 존재로 보는 시각은 자폐 개념이 확립되기 전에도 차별을 초래했을 가능성이 크다. 1913년 영국에서는 '도덕적 결함자'를 치료한다는 명목으로 정신결함법을 제정했다. 법에 따라 수많은 사람이 '백치' '저능아' '심신 미약자' '도덕적 열등아' 등으로 분류되고, 사회에서 분리되어 정신병원에 강제 수용되었다. 이들 상당수는 오늘날이었다면 학습장애나 발달장애로 진단받았을 가능성이 크다.[4] 자폐인 상당수가 학습장애를 겪고 있다는 연구 결과를 고려할 때, 당시 '정신 결함자'로 분류된 사람들 다수는 자폐인이나 신경다양인이었을 가능성이 높다(물론 구체적 수치는 연구별 차이가 있다).

이처럼 자폐, 신경다양성, 장애에 관한 초기 연구는 편견과 두려움에서 출발했으며, '결함 있는 사람들'로부터 사회를 보호해야 한다는 터무니없이 잘못된 시각에 기반한 경우가 많았다. 이런 시각은 오랫동안 비장애인 중심 담론을 확산시키고, 전 세계 문화에 침투했으며, 신경다양성 운동의 필요성이 대두되는 계기가 되었다.

무엇보다 이 초기 담론은 자폐인을 병리화해 사회에서 고립시키는 결과를 낳았다. 이 문제에 대응하기 위해, 주디 싱어의 초기 연구는 신경다양성을 의학적 관점이 아닌 사회적 관점에서 설명한다. 싱어는 자폐인을 사회에 짐이 되는 존재로 보거나, 어딘가 부족해 적응하지 못하는 존재로 간주하는 시각을 거부했다.

하지만 현실적으로는 장애를 의학적으로 보는 관점이 여전히 문화적으로 지배적 위치에 있다고 할 수 있다. 이는 장애인을 차별하고 억압하는 핵심 동력으로 작용해 왔다. 의학적 관점은 장애를 "질병, 트라우마, 또는 기타 건강 상태에 의해 직접적으로 발생하는 개인의 문제이며, 전문 의료진의 개별적 치료와 지속적 관리를 필요로 한다"고 정의한다.[5] 이 관점은 장애인을 '치료'가 필요한 대상으로 만들며, 정부나 기관이 환경을 개선하고 접근성을 보장해야 하는 책임을 면죄받게 만든다. 휠체어 경사로, 점자 표지판, 장애인 좌석 같은 시설을 필수가 아닌 추가적 배려나 선택 사항으로만 취급하는 것이다.

신경다양성과 관련된 의학적 모델은 닉 워커가 묘사한 '병리적 패러다임'과 불가분의 관계를 갖고 있다. 병리적 패러다임은 광범위한 영향을 미치는 사회문화적 가정에 기반한 개념이다. 워커는 다음과 같이 설명한다.

병리적 패러다임은 궁극적으로 두 가지 기본 전제에 따라 요약된다.

1. 인간의 뇌와 정신이 구성되고 기능해야 할 '올바르고' '정상적이며' '건강한' 방식 또는 뇌와 정신의 기능이 속해야 하는 상대적으로 협소한 '정상' 범위가 존재한다.

2. 신경 구성과 기능이 (그리고 그로 인해 나타나는 사고방식과 행동 양상이) '정상'이라는 주된 범위에서 크게 벗어나는 사람은 문제가 있는 것으로 간주된다.[6]

이런 담론에 맞서기 위해 신경다양성 운동을 지지하는 사람들은 장애의 사회적 모델을 옹호한다. 이 관점은 장애를 사회적인 문제, 즉 사회가 모든 개인을 포용하는 데 실패하여 발생한 문제로 본다. 장애는 개인의 문제가 아니라 사회적 환경이 만들어낸 복합적 문제라는 것이다. 따라서 사회는 장애 문제를 잘 해결할 방법을 고민하고, 사회에서 소외되는 사람이 없도록 구조적 장벽을 제거할 책임이 있다. 자주 언급되는 예로 휠체어가 건물에 들어가지 못하는 문제가 있다. 의학적 관점에서는 휠체어 사용자가 문제의 원인이므로, 재활 치료를 받는 등 다시 이동성을 회복하기 위해 최선을 다해야 한다. 반면 사회적 모델에서는 건물에 들어갈 수 있도록 경사로를 설치하거나 시설을 변경해 접근성을 보장해야 한다.

이는 장애에 대한 사회적 장벽과 배제적 관행, 비장애인 중심 관점이 장애인 개개인의 경험을 형성하고 그들의 삶을 제한함을 의미한다. 싱어는 신경다양성 연구에서 사회적 모델을 채택하여 신경다양성의 병리화를 거부했다. 과거 '질병'

으로 여겨졌던 것을 '차이'로 재정의한 것이다. 하지만 이것이 장애 자체를 부정한다는 의미는 아니다. 오히려 싱어는 사회적 관점에서 장애를 포용해야 한다고 주장한다.

우리는 자폐를 자연스러운 신경학적 차이로 이해해야 하며, 자폐인과 신경다양인이 항상 존재해 왔고 앞으로도 존재할 것이라는 점을 인정해야 한다. 자폐는 병리화되거나 '치료' 되어야 할 질병이 아니라 인류 일부의 자연스러운 특성이다. 자폐 자체의 어려움이 존재하기는 하지만, 자폐를 장애로 만드는 것은 우리 사회가 미리 정한 '정상성' 기준에서 벗어난 사람들을 배제하고 고립시키는 사회적 환경이다. 이로 인해 신경다양인의 삶은 훨씬 더 어려워지고, 교육, 사회 활동, 스포츠, 주거, 의료 등 삶의 다양한 영역에서 배제당한다.

신경다양성 운동은 우리를 사회에 적응하지 못하는 아웃사이더로 규정하는 것이 아니라, 사회가 모든 구성원을 성공적으로 포용하지 못하고 있다는 점을 지적한다. 신경다양성 운동은 다양한 삶의 형태를 수용할 수 있는 사회를 재구축하는 것이 우리 임무이며, 오랫동안 배제되어왔던 장애인과 정신적 어려움을 겪는 사람 들에 대한 낙인을 없애야 한다는 신념을 바탕으로 전개된다.

의미는 어떻게 확장되어왔나

싱어는 1998년 발표한 첫 논문에서 특정 자폐인 그룹을 중심으로 연구를 진행했다. 싱어는 '고기능' 자폐 또는 아스퍼거증후군을 가진 사람들과 '평균' 또는 '높은' 지능을 가진 사람들만을 연구 대상으로 삼았다고 밝혔다. 그러나 이후 많은 이들이 지적했듯, 신경다양성을 이렇게 제한적으로 이해하는 것은 더 많은 도움이 필요한 사람들, 다중 장애가 있는 사람들, 지적장애가 있는 사람들을 배제하는 결과를 낳는다. 이러한 배제적 관점은 포용성을 지향하는 운동의 취지와 어긋나며 그 자체로 해롭다. 나를 비롯한 많은 신경다양인과 사상가 들이 싱어와 다르게 생각하는 부분이기도 하다.[7]

발달 수준에 따라 자폐인을 분류하는 이런 방식은 오늘날까지 지속되고 있지만, 자폐인 커뮤니티 안팎에서는 이를 거부하는 목소리가 커지고 있다.[8] 이런 분류가 문제가 되는 첫 번째 이유는, 이러한 용어 사용이 표준화된 지능이라는 개념과 연결되어 있기 때문이다. 그러나 지능은 역사적·문화적 맥락에서 정의되는 경향이 있기에, 이에 대한 논쟁도 끊이지 않는다. 마치 교육 시스템이 언제나 아이의 학습 능력을 정확히 반영하지는 못하는 것처럼, 지능이라는 개념도 명확히 정의하기란 매우 어렵다.

설사 개인의 지능을 명확히 측정할 수 있다고 하더라도 그것이 반드시 일상을 영위하는 데 필요한 기술을 배우고 활용할 능력을 보여주는 것은 아니다. 더구나 지능을 고정된 특성으로 간주하는 이러한 분류는, 개인의 능력이 평생 일정한 상태로 유지된다는 가정에 기반하고 있다. 그러나 우리는 모두 끊임없는 변화를 겪고 외부 요인의 영향을 받는다. 이런 가정은 사람들에게 필요한 지원이 시간에 따라 달라질 수 있다는 점을 고려하지 않으며, 현실과 동떨어진 기준을 만들어 결국 필요한 지원에서 멀어지게 하는 결과를 초래한다.

나는 '고기능 자폐'로 분류되는 사람이다. 진단명을 공유할 때마다 주변 사람들은 내 자폐가 '정말 가벼운 편'인 것 같다고 말한다. 나는 이들의 말에 반박하지 않는다. 대화를 할 수 있고, 일을 할 수 있는 백인 여성이라는 점에서 나는 분명히 엄청난 특권을 누리고 있기 때문이다. 자폐가 겉으로 드러나지 않을 때가 많아서 나는 심한 장애인 차별에서도 비교적 자유롭다. 치료받을 때 외에는 내가 자폐임을 밝힐지 말지는 전적으로 내 선택에 달렸다. 이는 자폐 증상이 있는 모두에게 주어지지는 않는 엄청난 특권이다.

하지만 내가 항상 '생산적인' 사회 구성원이었던 것은 아니다. 몇 년 동안은 거의 집 밖으로 나가지도 침대에서 일어나지도 못했고, 일하는 건 상상조차 할 수 없었다. 지난 10년 동안 치료를 받다가 중단하기를 반복했으며, 자폐를 숨기고 정상적인 또래 친구들과 어울리기 위해 최선을 다하다가 '자폐 번아웃'을 겪은 적도 있다. 그렇기에 '고기능 자폐'로 분류된 사람들에게 도움이 필요할 때, 이들이 왜 상황을 버겁게 느끼고 도움 요청하기를 부끄러워하는지 충분히 이해한다.

자폐인이 '고기능'이라는 말 때문에 도움을 받아서는 안 된다는 부담감을 느낀다면, '저기능'이라는 표현 역시 상처를 주고, 당사자가 행복하고 의미 있는 삶을 살 가능성을 쉽게 무시하는 말이 될 수 있다.[9] 누군가를 '저기능'이라고 단정 지어버리면 그가 새로운 기술을 배우거나 새로운 관심사를 찾을 가능성 자체를 부정하게 되어, 삶의 기회를 제한하고 가능성을 닫아버리는 꼴이 된다. 또 이는 주류 소통 방식, 즉 언어적 의사소통으로 자폐를 판단하고, 비언어적 소통 방식을 사용하는 자폐인을 배제하는 결과를 초래한다. 그 예로, 말을 하지 않는 비언어 자폐인의 부모들은 보완·대체 의사소통(augmentative and alternative communication)을 위한 지원이 거의 없다고 호소하곤 한다.[10]

흔히 '저기능'으로 분류되는 자폐인들은 가장 가혹한 형태의 학대와 장애인 차별을 겪는다. 인간 이하의 취급을 받았다는 경험도 많고, 일을 할 수 없다는 이유로 사회의 '짐'으로 낙인찍히기도 한다.

이런 논의 속에서, 각 개인의 필요에 맞춘 지원의 정도를 기준으로 자폐인을 이해하는 방식이 점차 받아들여지고 있다. 이렇게 하면 기능 수준에 따른 고정적인 가치 판단을 줄이고, 개인의 삶이 변화할 때 달라지는 지원 필요도 유연하게 반영할 수 있다.[11] 그러나 '지원 필요'라는 표현을 불편하게 느끼는 사람들도 있기에, 더 적합한 표현을 찾기 위한 논의가 필요하다.

물론 이런 논의는 미묘한 뉘앙스 문제이므로 앞으로도 한동안 논쟁이 계속될 것이다. 자폐인의 다양한 경험을 설명하는 용어들은 언제든 무기로 악용될 위험이 있다. 이러한 용어에 가치 판단이 덧붙여질 경우, 특정 집단과 다른 집단의 대립을 초래할 위험이 크다. 특히 그 가치 판단의 기준이 '좋은 삶'을 정의하는 자본주의적 기준과 맞물릴 때 더욱 그렇다. 기능 수준에 따른 자폐 분류를 둘러싼 논의는 이미 자폐인 커뮤니티에서 많은 갈등을 일으키고 있으며, 좀 더 존중을 담은 용어를 찾기 위한 고민이 이어지고 있다

많은 자폐인 활동가들은 '중증 자폐' 같은 세부적 분류 사

용을 지지하지 않으며, 연구자들 역시 이러한 용어의 위험성을 설명한 바 있다.[12] 차별적이지 않은 언어를 사용하더라도 '자폐 연구의 질적 수준'을 유지할 수 있기 때문이다.[13]

나는 자폐를 둘러싼 논의에서 특정 집단의 목소리가 다른 집단의 목소리보다 우선시되지 않아야 한다고 믿는다. 또한 장애인 차별에 악용될 수 있는 용어를 사용하지 않으면서 이를 달성할 수 있다고 믿는다. 우리는 다양한 자폐 경험과 특성을 비교하거나 대립시키지 않으면서도 효과적으로 소통할 방법을 찾아야 한다. 이렇게 하면 **모든** 자폐인을 위한 연구와 지원이 이루어질 수 있을 것이다.

많은 국가들은 자폐인이 직면한 문제에 적절한 지원을 하지 않은 채 차이만을 강조하며 쉽게 책임을 회피하려 한다. 메리 도허티가 '무기화된 이질성'(weaponized heterogeneity)이라고 부르는 이러한 분리는 자폐인 사이의 연대를 약화시키고, 더 취약한 사람들을 해할 위험이 있다.[14] 도허티는 이런 분리가 자폐인들이 경험을 통해 얻은 집단적 통찰을 공유하지 못하도록 가로막는다고 지적한다. 사람들을 세부 그룹으로 분류하면 연구가 특정 그룹에만 집중되기 쉽고, 더 많은 지원이 필요한 자폐인은 자폐인 주도 연구—더 인간적이고 협력적이며, 자폐인이 직면한 어려움에 대한 이해도가 더 높은—에서

조차 소외될 위험이 있다.

기능 수준에 따른 분류는 잘못되면 해로운 결과를 초래할 수 있다. 어쩌면 우리는 아직 지원이 필요한 사람들의 폭넓은 스펙트럼을 정확히 담아내면서 누구도 배제하지 않는 표현을 찾지 못한 것일지도 모른다. 자폐인에 대한 통념을 병리화와 분리 대신 돌봄과 수용 중심으로 전환해 나간다면, 언젠가 더 적합한 용어를 찾을 수 있을 것이다.

어떤 상황에서도 우리는 도허티가 말한 "모든 자폐인의 더 나은 삶이라는 공동의 목표"를 향해 함께 나아가야 한다.[15]

신경다양인이 공통으로 겪는 수많은 경험은 신경다양성 운동에서 가장 많은 논의와 의견 차이가 존재하는 부분이다. 내가 주장의 근거로 삼는 틀을 이해하려면, 여기서 이 부분을 짚고 넘어가는 것이 중요하다. 자폐인과 더 넓은 범위의 신경다양인 사이에는 지원에 대한 다양한 요구가 존재하기 때문에, 신경다양성 운동이 더 많은 도움이 필요한 사람이나 발달장애가 있는 사람을 배제할 우려가 있다는 것을 알고 있다. 신경다양성 운동이 나처럼 '고기능' 자폐인들만을 대표할 수 있다는 걱정도 있다.

우선 강조하고 싶은 것은, 첫째, 나는 모든 신경다양인을 대표하지 않으며, 그럴 수도 없다는 점이다. 둘째, 내가 이 책에서 언급하고 지지하는 신경다양성 운동은 누구도 배제하지 않으며, 그래서도 안 된다고 생각한다. 누군가의 어려움을 외면하거나 신경다양인의 삶이 쉽지만은 않다는 사실을 간과해서도 안 된다. 나는 모든 아이가 사랑과 보살핌, 안전을 보장받을 자격이 있다고 믿으며, 그 누구도 우생학의 희생양이 되어서는 안 된다고 생각한다. 또 장애를 무시해서는 안 되며, 세상에서 가치를 부여받지 못한 사람들을 돌보는 일이 얼마나 어려운지도 잘 알고 있다. 나는 많은 도움이 필요한 신경다양인도 차별과 폭력으로부터 자유로울 권리를 가져야 하며, 신경다양인과 그 가족을 포용하고 지원할 수 있도록 세상이 바뀌어야 한다고 믿는다. 내가 공유하는 논점에서 이러한 뜻이 잘 전달되기를 바란다.

인터넷 채팅의 등장으로 자폐인들이 서로 연결될 수 있게 되자, 싱어는 그들의 정체성이 형성되는 과정과 공통 경험에서 비롯된 유사성을 추적할 수 있었고, 신경다양인이 바라는 포용과 지원을 지지하는 운동까지도 제안할 수 있었다.

싱어는 논문에서 자신의 연구가 해방 지향 연구와 목표를 같이 한다고 밝히며, 이를 다시 한번 공적 담론의 영역에 놓는다. 싱어는 콜린 반스와 제프 머서의 《장애 연구하기》(*Doing Disability Research*, 1997) 서문에서 언급된 해방 연구의 특성을 다음과 같이 열거한다.

· 억압받는 사람들 편에서 개방적이고 협력적인 관계를 구축하며, 그들의 대의에 정치적·사회적으로 헌신한다.
· 모든 지식은 사회적·문화적 배경 속에서 형성되므로, 연구가 완전히 객관적이거나 중립적일 수 없음을 인정한다.
· 단순히 세상을 묘사하는 데 그치지 않고, 세상을 변화시키고자 하는 동기를 가진다. 여기에는 장애인의 사회적·물질적 조건뿐 아니라 연구 방식의 개선까지 포함된다.
· 연구자와 연구 대상 사이에 존재하는 권력 차이를 성찰적으로 인식하여, 그 결과가 연구 대상에게 억압이 아닌 도움이 될 수 있도록 한다.[16]

다른 사회 운동과 마찬가지로 신경다양성 운동은 상당히 성장했으며, 그 해방의 핵심 목표 또한 싱어의 초기 목표를 넘어 확장되었다. 이제 신경다양성 운동은 신경규범성에 순응하지 않는 사람들을 향한 사회적 억압에 맞서 싸우고 있다.

신경다양성 운동이 더욱 다양한 신경다양인과 그들의 경험을 포용한다면, 세상이 인지적 다양성을 수용하지 못하는 이유에 대해 더 많은 질문을 던지고 이를 해결할 방법도 논의할 수 있을 것이다.

물론 신경다양인들은 저마다의 어려움이 있지만 공통되는 부분도 많기에, 함께 긍정적 변화를 이끌어낼 수 있다. 가장 중요한 것은 수용과 이해, 낙인효과의 제거다. 신경다양성 진단을 받은 사람을 의학적으로 병리화하는 것에 반대한다는 것은, 도움이 필요하면 충분히 지원받을 수 있는 세상을 바란다는 뜻이다. 그런 세상에서는 진단 자체가 불필요해질 것이며, 더 이상 "당신은 왜 우리 세상에 맞지 않나요?"라고 묻는 대신 "살아가는 데 어떤 지원이 필요한가요?"라고 묻게 되리라.

신경다양성에 대한 싱어의 초기 비전은 전 세계 사람들의 필요에 맞추어 변화해왔다. 신경다양성의 새로운 비전은 과거 많은 신경다양인과 장애인이 겪었던 소외와 배제를 거부하고, 앞으로 어떻게 모든 형태의 삶을 위한 세상을 만들어갈지 고민한다.

다양한 접근, 다른 가능성

신경다양성 운동은 새로운 흐름이기에 논의 속에서 상충하는 아이디어가 많은 것도 당연하다. 이런 점이 신경다양성이라는 용어가 전유되거나 희석되는 데 일조했을지도 모른다. 미국 장애인 인권운동가 아리 니이먼과 영국 자폐 연구가인 엘리자베스 펠리카노 교수도 지적했듯, 이는 '신경다양성'이라는 용어 자체의 사용에도 영향을 미쳤다. 어떤 사람들은 이 용어가 엄격한 생물학적 사실을 의미한다고 본다. 즉 인간 집단 내에 신경다양성이 존재하며 이를 받아들여야 한다는 것이다. 반면 이 용어가 순전히 이념적이며 정치적인 개념이라고 생각하는 이들도 있다.

그러나 호주의 자폐 연구가 패트릭 드와이어의 표현을 빌리자면, 다양한 '신경다양성 접근법'이 꼭 나쁜 일만은 아니다. 다양한 접근법은 신경다양성 커뮤니티 내의 활발한 토론을 촉진하고, 다양한 아이디어와 실행 방안을 논의할 수 있게 한다. 그러나 이러한 다양성은 문제에 집중하는 것을 어렵게 만들기도 한다.

이 논의의 큰 부분은 신경다양성의 핵심 원칙인 '치료' 제안 거부와 관련이 있다. 이는 신경다양성에서 가장 중요한 것은 신경다양인이 '결함'을 '치료'하거나 퇴치해야 할 존재가 아니라는 믿음이다.

장애의 사회적 모델을 통해 신경다양성을 이해하는 방식이 선호되기는 하지만, 많은 사람이 지적하듯 그 모델 자체가 완벽하다는 의미는 아니다. 이런 관점에만 의존하면 장애인의 어려움이 단순히 환경적 요인만은 아니라는 사실을 간과하게 될 수도 있다.

드와이어는 사회적 장벽이 모두 제거된다 해도, 장애인이 여전히 특정 어려움을 겪을 수 있다고 지적한다. "집행 기능에 어려움을 겪는 사람은 일정 관리 앱과 지원이 제공되더라도 여전히 시간 관리의 어려움을 겪을 수 있다"는 것이다.[17] 또 사회적 관점에서 환경적 요인의 개선에만 초점을 맞추다 보면 새로운 기술을 배우고자 하는 장애인이 교육을 거부당하는 등 자신의 꿈을 실현하지 못하는 결과를 낳을 수도 있다. 이런 미묘한 상황 때문에, 드와이어는 중립을 지향하는 신경다양성 접근법이 좋은 대안이 될 수 있다고 제안한다.

이런 접근 방식은 장애라는 상태가 장애인의 개인 특성과 그들이 살아가는 주변 환경 간의 역동적 상호작용에서 비롯한다고 본다. 결코 장애인을 '치료'하거나 '정상화'하는 것이 목적이 되어서는 안 된다.[18] 장애는 사회적·환경적 요인을 변화시키거나(예: 차별적 태도를 줄이는 것) 개인의 역량을 강화함으로써(예: 새로운 기술을 가르치는 것) 해결할 수 있다. 사람들은 지적 능력이나 정신적 특성에 상관없이 존중받아야 하며, 인지장애가 있는 사람들 또한 그 자체로 포용되고 존중받아야 한다.

이 접근법은, 신경다양인이 자신의 특성을 수용하면서도 필요에 따라 적절한 지원을 받을 수 있도록 하며, 사회가 져야 할 책임을 회피하지도 않는다.

이에 대한 예시는 나의 자해 경험에서도 찾아볼 수 있다. 자폐인은 자해를 할 확률이 비자폐인에 비해 상당히 높은데, 자해 위험이 무려 세 배나 높다는 연구 결과도 있다.[19] 나 역시 6년 동안 자해를 했는데, 자폐 진단을 받기 전에 겪었던 정신건강 문제와도 관련이 있을 것이다. 나는 자폐를 '치료'해야 한다고 생각해 본 적은 없지만, 자해를 멈추기 위해 도움을 요청했다. 다행히 나는 자해 욕구에 대처하는 데 도움이 되는 방법을 배울 수 있었고, 그 욕구가 어디에서 비롯되었는지도 이해할 수 있었다. 나는 운이 좋았고, 도움이 효과가 있었다. 그러나 모두가 이런 도움을 받을 수 있는 것은 아니다. 만약 자폐에 대한 사회적 이해가 더 높았거나 조기에 도움을 받을 수 있었다면, 나 역시 아예 자해를 시작하지 않았거나 정신건강 문제로 덜 고통받았을지도 모른다.

이처럼 섬세한 접근법은 신경다양인이 끊임없이 사회적 장벽에 부딪히지 않고도 스스로 원하는 삶을 선택할 수 있도록 돕는다. 장애인의 문제 대부분이 사회적 요인에서 비롯된다는 사실을 부정하지 않으면서도, 환경적 지원만으로는 해결되지 않는 어려움을 겪는 사람들에게 유용한 대안을 제시한다. 신경다양성을 치료하려 하지 않고 개인의 정체성으로 존중하면서도, 필요한 도움을 주는 데 초점을 맞출 수 있다.

마지막으로 살펴볼 모델은 신경다양성 연구로 잘 알려진 영국 철학자이자 작가 로버트 채프먼이 제시한 것이다. 그는 신경다양성 맥락에서 철학자 엘리자베스 반스의 '가치 중립 모델'을 적용하면 도움이 된다고 주장한다. 원래는 신체장애를 위해 제시되었지만, 채프먼은 인지장애에도 이를 적용하자고 제안했다. 이 모델을 인지장애에 적용하면 당사자가 자신의 장애가 지닌 긍정적·부정적·중립적 측면을 솔직하게 바라볼 수 있다. 장애 자체는 본질적으로 좋거나 나쁜 것이 아니며, 다만 외부 요인에 의해 좋고 나쁨이 평가되기 때문이다.

채프먼은 자폐를 예로 들어 설명한다. 연구에 따르면 자폐인은 비자폐인보다 삶의 질이 낮을 가능성이 큰데, 반스의 모델에서는 이를 '웰빙' 수준이 낮다고 표현한다. 이런 결과는 자폐 자체를 문제로 간주하며, 치료되어야 하는 증상으로 분류한다. 그러나 채프먼은 2006년 연구를 인용하여 이를 반박한다. 이 연구에 따르면 자폐인의 행복감은 자폐의 '중증도'에 따라 결정되는 것이 아니라 "얼마나 도움받고 있다고 느끼는지"와 직접적으로 연관되어 있다. 즉 '웰빙'은 개인이 자폐 스펙트럼 어디에 속해 있는지보다 외부 환경이 얼마나 포용적인지에 따라 결정된다는 것이다.[20]

채프먼은 또한 인지장애를 단순히 긍정적 또는 부정적으로 평가하기보다는, 개인이 가진 다른 인지적 특성에 따라 그 경험이 달라질 수 있음을 고려해야 한다고 말한다. 그는 다운증후군을 예로 든다. 2011년의 삶의 질 연구에 따르면, 다운증후군이 있는 사람들은 "놀라울 정도로 높은" 수준의 행복감을 경험할 가능성이 높았다. 이를 통해 채프먼은 이들의 행복감이 그들의 인지적 특성에 의해 좌우될 수 있으며, 이 경우에는 인지장애 자체가 행복감에 긍정적으로 기여했을 수 있다고 주장한다.

이런 관점은 더욱 섬세한 접근을 가능하게 한다. 신경다양성의 특정 형태를 부정적으로 보거나 특정 진단을 받은 사람의 삶의 가치를 고정관념에 따라 평가절하하는 것은 차별과 낙인을 조장하며, 채프먼이 증명했듯 집단적 웰빙에도 영향을 미친다. 결국 신경다양인의 삶의 질은 진단이 아니라 사회적 지원과 환경적 요인에 의해 크게 좌우된다고 할 수 있다. 이러한 요인들을 통제하고 개선하는 것은 우리의 몫이다.

채프먼은 일부 특성들이 개인의 삶의 질을 낮출 수도 있다는 사실을 부정하지 않지만, 반스의 가치 중립 모델이 이런 사례를 예측할 수 있다고 주장한다. 채프먼에 따르면 인지장애가 있는 사람의 삶의 질이 낮을 가능성은 장애가 없는 사람과 크게 다르지 않다. 생각해 보면, 세상에는 신경다양인도 아니고 장애인도 아니지만 불행한 사람이 많지 않은가.

가치 중립 모델의 장점은 신경다양인이 자기 경험을 솔직하게 표현할 수 있게 하면서도, 그들의 특성을 타고난 결함으로 규정하거나 부당한 책임을 지우지 않는다는 점이다. 이 관점은 다른 삶을 사는 사람들을 배제하지 않는다. 외부 환경의 중요성을 고려하면서도 내적 경험의 범위를 중요시한다.

채프먼은 이 모델이 "인지장애를 비극적으로 보고, 좋은 삶과 상반된 것으로 여기는 시각에 직접적으로 맞설 수 있다"고 말한다.[21] 이 관점 자체가 신경다양성 운동의 핵심이라고 할 수도 있겠다. "우리에게 어떤 삶을 무가치하다고 비하하거나 폄하할 권리가 없다"는 주장과 맥을 같이 하기 때문이다. '좋은 삶'에 대한 이해를 넓힘으로써 우리는 지금까지 신경다양인을 무시하고 부당하게 대우해온 사회 규범에 도전할 수 있다.

지금, 이 운동이 필요한 이유

오늘날 신경다양성 진단을 받는 사람은 꾸준히 증가하고 있다. 더 많은 사람들이 신경다양성이라는 틀을 통해 자신을 이해하기 시작하면서, 진단은 받았지만 그에 맞는 지원이나 도움을 받지 못하는 경우도 늘었다.

신경다양성에 대한 논의는 확산되고 있지만, 아직 사람들에게는 이런 특성에 대한 뿌리 깊은 관념이 남아 있는 듯하다. 역사적으로 신경다양인은 사회의 주류로부터 분리되어야 하며 '치료'해야 할 대상으로 취급되는 것이 일반적이었다.

최신 신경다양성 트라우마 연구에 따르면, "자폐 특성이 높은" 사람들은 심각한 트라우마를 겪었을 때 PTSD 증상을 경험할 확률이 30%에 이른다. 이는 자폐 특성이 없는 사람들

(8%)에 비해 세 배 이상 높은 수치다.[22] 이전의 수많은 연구와 마찬가지로 이 연구도 신경다양인들이 부당한 대우나 여러 위험에 처할 가능성이 높음을 명확히 보여준다. 그러나 여기서 중요한 점은, 이러한 트라우마는 신경다양인을 존중하지 않고 도울 가치가 없다고 생각하는 타인들에 의해 발생한다는 것이다.

이런 부당한 대우가 단순히 신경다양성에 대한 이해 부족에서 비롯된 것이라고 생각할 수도 있지만, 학술적 연구에서 자폐인이 어떻게 취급되는지를 살펴보면 꼭 그렇지만도 않다. 자폐 연구를 하는 공동체 심리학자 모니크 보타는 자폐인이 연구에서 어떻게 인식되는지를 탐구한다. 그녀는 "자폐 연구가 위기에 처해 있다"고 선언하며, 자폐 연구자들이 자폐인을 비인간적으로 묘사하고 대상화하는 경향이 만연하다고 지적했다.[23] 보타는 다양한 연구에서 자폐인을 '타자화'하려한다고 강조하는데, 이는 역사적으로 소외된 집단을 지배하기 위해 사용된 '타자성'의 구성 방식과 다르지 않다. 보타는 이렇게 말한다. "자폐인은 인간이 아닌 동물에 비교되거나 비자폐인보다 덜 사회화된 존재로 묘사되며, 주체성, 합리성, 인식적 권위, 공동체를 형성하거나 문화를 공유할 능력이 부족하다고 표현된다."[24]

학문 연구가 공공 정책에 큰 영향을 미치고, 학계 '전문가'들이 일반 대중에게 의견을 전달하는 역할을 한다는 점을 고려할 때, 연구에 담긴 가치와 그 가치를 표현하는 언어는 학계를 넘어 사회 전반에 영향을 미친다. 학문 연구는 공유 가능한 지식을 만들어내는 공간으로 자주 여겨지곤 하며, 신뢰할 수 있는 것으로 간주되고, 우리 삶에 영향을 미치는 판단의 근거로 작용한다. 보타가 지적한 연구 태도가 자폐 연구의 주류가 된다면, 그 영향은 파괴적일 수 있다.

신경다양성 운동의 핵심 목표 중 하나는 신경다양성에 대한 이해 방식을 개선하는 것이다. 낙인을 없애고, 존중감을 높이며, 신경다양인을 항상 어딘가 부족한 존재로 바라보는 시각을 바꾼다면 신경다양인의 삶 또한 개선될 수 있다. 이런 변화가 문화적·물질적·구조적 차원에서 실질적으로 영향을 미치면, 그 잠재적 이점은 더욱 커질 것이다.

코로나19 팬데믹은 신경다양성 운동이 앞으로 나아가야 한다는 것을 극명하게 보여주는 사례다. 팬데믹의 영향이 전 세계 지역사회에 끼친 파장은 우리 사회에 만연한 불평등을 적나라하게 드러냈다. 기존에 존재하던 균열은 재난의 무게 아래 더욱 크게 갈라졌다.

팬데믹으로 인해 장애인 수는 대규모로 증가했다. 미국에서는 코로나19의 영향으로 단 1년 만에 120만 명 이상이 장애인으로 등록된 것으로 추정된다.[25] 장애인 지원 수요가 급증하면서 전 세계의 장애 지원 시스템이 얼마나 허술하게 구축되어 있는지 드러났으며, 비장애 중심주의 또한 취약한 기반 위에 놓여 있다는 사실이 밝혀졌다. 이는 비장애 상태가 결코 영구적으로 보장되는 것이 아니며, 대부분의 사람은 일생에서 한 번쯤은 일시적이든 영구적이든 장애를 경험하게 된다는 점을 일깨워주었다.[26]

데이터에 따르면, 코로나19로 사망한 사람 중 대다수가 장애인이었다. 장애인은 팬데믹으로 인해 비장애인보다 훨씬 큰 피해를 입었으나, 정책 계획에서는 여전히 없는 존재로 취급되었다. 영국에서는 사망자 열 명 중 여섯 명이 장애인이라는 충격적 보고가 있었다.[27] 이런 경향은 미국과 중국 등에서도 동일하게 나타났다. 이들 국가에서는 팬데믹 대응과 장애인의 삶에 대한 광범위한 조사가 이루어졌고,[28] 이 과정에서 장애인들이 얼마나 열악한 대우를 받고 있는지, 사회가 그들을 소모품 취급하는지가 여실히 드러났다.

또 영국에서는 수많은 자폐인과 신경다양인을 상대로 사

전 동의나 가족과의 상의 없이 심폐소생술 중단(DNRs) 지시가 있었다는 사실이 보고되면서, 자폐인 및 신경다양인에 대한 처우가 큰 논란을 불러일으켰다.[29]

발달장애인의 코로나19 사망률은 일반인에 비해 4.1배나 높았던 것으로 나타났다.[30] 영국의 요양원 등 사회복지 시설들은 개인 보호 장비 같은 필수품조차 제대로 제공받지 못한 채 방치되었다. 팬데믹 동안 자폐인과 발달장애인이 철저히 뒷전으로 밀려났다는 증언이 이어졌다. 심폐소생술 중단 지시 문제는 결국 국민보건서비스(NHS) 직원들에게 보내는 공개 서한을 촉발했고, 그 서한에는 그런 지시가 "용납될 수 없다"고 명시되었다.[31] 그러나 이는 문제에 대한 진정한 반성이라기보다는, 이 사안이 알려진 이후 비난을 피하려는 이미지 관리 차원의 조치였을 가능성이 크다.

결국 신경다양인에 대한 뿌리 깊은 편견 때문에 이들의 삶은 위기 상황 속 정책 결정에서 중요하게 취급되지 못했다. 고령층과 마찬가지로 신경다양인은 쉽게 포기해도 되는 집단으로 여겨졌고, 실제로 그렇게 취급되었다. 극단적 상황에서 권력자들이 누구를 구하려 하는지가 가감 없이 드러났다. 신경다양인은 그 목록에 포함되지 않았다.

현재 빈약하나마 지역사회의 지원과 도움을 받을 수 있는 유일한 방법은 신경다양성 진단을 받는 것이다. 그러나 앞에서 보았듯이, 공식적으로 신경다양성 진단을 받는 것은 위험을 수반하기도 한다. 진단을 받으면 대부분 불이익이나 부당한 대우를 받게 되며, 이런 일을 겪지 않는 사람은 극히 소수다.

진단이 공개되거나 의료 기록에 남으면 이미 사회적으로 소외된 사람들이 더 차별받게 될 가능성이 크다. 자폐의 경우 이러한 차별이 워낙 만연해서, 자폐인 작가이자 사회심리학자인 데번 프라이스는 진단을 받기 전에 신중하게 생각해 보라고 권고하기도 했다.[32]

의료 환경에서도 신경다양인은 장애를 이유로 장기 이식 등 목숨이 걸린 치료를 거부당하는 일이 흔하다. 신경다양인 자녀가 있는 부모들은 병원이 다운증후군, 자폐, 기타 인지장애가 있는 아이들을 장기 이식 대기자 명단에 올려주지 않으려 한다고 증언했다.[33] 이런 차별이 광범위하게 퍼지자 2021년 미국의 여러 주에서 장애인도 장기 이식을 받을 수 있도록 하는 법안이 통과되었다. 생명을 위협받던 신경다양성 아동의 부모들이 힘겹게 싸워 얻어낸 성과였다.[34]

의료 환경 외에도 공식적으로 자폐라는 진단을 받게 되면

일부 국가에서 이민 자격을 박탈당하고 이민을 거부당할 수도 있다. 국가 보건 시스템에 '높은 비용'을 초래할 수 있다는 이유에서다.[35] 프라이스는 이 밖에도 강제 후견인 제도로 인해 자율성을 박탈당하거나, 성별 정체성 확립 지원 서비스를 받지 못하고, 부모의 자격을 잃는 등 위험이 따를 수 있다고 설명한다.

이러한 차별 대부분은 전 세계적으로 구조화된 시스템 문제이며, 자폐인을 불평등의 위험에 노출시킨다. 이는 자폐인을 비인간적인 존재로 여기는 위험한 시각에서 기인하며, 불행히도 과거의 일이 아니라 현재 진행형이다.

자폐 진단 자체의 위험성 외에도, 지원을 받기 위해 진단을 받더라도 지원 시스템이 제대로 작동하지 않을 수 있다는 사실을 아는 것이 중요하다.

진단은 자폐를 치료해야 한다고 보는 의학적 모델을 유지하는 핵심 요소이며, 자폐 병리화의 주원인으로 작용한다. 신경다양인에게 특정 병명의 꼬리표가 붙으면 약간의 지원을 받을 수는 있겠지만 부당한 대우와 차별을 겪을 위험에 처할 수도 있다. 신경다양성 운동의 존재 의의는 이러한 의학적 병리화와, '정상' 뇌와 '비정상' 뇌가 있다는 사고방식에 맞서 싸우는 것이다.

따라서 신경다양성 운동의 중요한 목표는 더 이상 이런 꼬리표가 필요 없는 사회를 만드는 것, 즉 의학적 모델이 가진 권력을 없애는 것이다. 아직도 많은 신경다양인이 생존을 위해 자폐 진단을 받을 수밖에 없지만, 그렇다고 해서 이를 당연한 현실로 받아들이거나 다른 가능성을 단념해야 한다는 뜻은 아니다.

현재 시스템을 바꾸고 새로운 대안을 구축하는 일이 두렵거나 불가능한 일처럼 느껴질 수도 있다. 오랫동안 굳어진 사회의 작동 방식을 급격하게 바꾸는 일에는 불안감이 따르기 때문이다. 그러나 그것이 꼭 비현실적 이상은 아니다.

신경다양성 운동을 다른 해방 운동과 연결함으로써 우리는 누구나 필요할 때 적절한 돌봄과 지원을 받는 세상을 만들 수 있다. 이런 세상에서는 재산, 나이, 지역, 성별, 성적 지향, 인종은 물론 기존에 돌봄을 받아본 경험이나 그 밖의 어떤 차별적 조건과도 무관하게, 누구나 필요한 자원을 제공받고 적절한 도움을 받을 수 있을 것이다. 누구도 장애인 차별, 부당한 대우, 그 외의 사회적 차별에 대한 두려움을 느끼지 않고 지원받는 사회가 될 것이다.

이런 돌봄 시스템이 자리 잡은 세상에 과연 병리화가 필요할까? 이런 꼬리표가 없는 세상이 상상되는가?

물론 신경다양인이 특정한 특성을 가지고 세상을 살아가면서 느낀 경험을 설명하는 도구로서 일부 용어는 남겨 둘 수도 있다. 그러나 모두의 해방을 위해 만들어진 세상에서는 우리를 비인간화하고, 통제하고, 심지어 존재를 말살하려 했던 사회 구조가 힘을 상실하리라. 새로운 세상이 펼쳐지리라.

2장

신경다양성은
왜 사회적 의제가 되었나

2021년, '스펙트럼 10K'라는 연구 프로젝트가 발표 직후 착수 중단되었다. 영국의 임상 심리학자 사이먼 배런코언이 주도한 이 연구는 영국에서 진행된 자폐 관련 연구 중 최대 규모로, 자폐인 1만 명의 DNA를 수집할 계획이었다. 그러나 이 연구는 자폐인 커뮤니티 내에서 큰 논란을 일으켰다. 개인 정보 및 데이터 보호 문제뿐 아니라 임신 중 '자폐 유전자'를 확인하는 데 활용되어 자폐 아이를 임신 중단하는 선택지를 부모들에게 제공할 수 있다는 우려가 제기되었다.

유럽과 미국에서 산전 검사 덕분에 다운증후군 출생아 수가 감소하고 있는 현상을 고려하면, 이런 우려는 타당하다.

2017년, 네덜란드의 한 신문은 "사회가 지불해야 하는 '재정적 부담'을 생각하면 장애 아기를 출산할 자유는 제한되어야한다"는 내용의 기고문을 실어 논란에 휩싸였다. 장애인을 돌보는 데 드는 사회적 비용을 이유로 들어, 장애아를 낳기로 결정한 부모들이 재정적 대가를 치러야 한다고 주장하는 글이었다.[1]

임신 중단은 전 세계의 임신한 이들이 자기결정권의 일환으로 접근할 수 있어야 하는 문제이며, 이는 생명에 대한 윤리적 논의와 함께 신중히 다뤄져야 한다. 그러나 선택적 출산이라는 불길한 시도 뒤에는 '우생학'이라는 이론이 존재한다. 우생학은 근대에 새롭게 등장한 사상은 아니지만(플라톤도 선택적 교배를 주장한 적이 있다), 나치 독일에서 실행된 우생학 정책 때문에 널리 알려졌다. 우생학은 인간의 유전자 풀(gene pools)을 개선해 '우수'하거나 '정상'적인 유전자를 가진 사람만 보전하고 육성함으로써 인류를 개선할 수 있다는 믿음에 기반한다. 우생학은 인종차별과 백인우월주의에 뿌리를 둔 비인간적 신념이지만 오랫동안 사회 문제를 해결할 방안으로 여겨졌다. 정치 지도자 중 일부는 우생학이 대의를 위한 것이라고 옹호하기도 했다. 윈스턴 처칠도 다음과 같이 말한 적이 있다.

비정상적인 정신박약아 및 정신질환자 계층의 빠른 증가는 활기차고 우수한 혈통 감소와 맞물려 심각한 국가적·인종적 위험을 초래한다. 나는 이 광기의 원천이 한 해가 지나기 전에 완전히 차단되어야 한다고 생각한다.[2]

우생학은 인종차별적 목적으로 활용되었을 뿐 아니라, 역사적으로 '부적격한' 시민으로 간주되어 온 장애인과 정신질환자에게도 자주 적용되었다. 본인 동의 없이 강제로 불임 수술을 당하는 일도 빈번했다. 20세기 동안 약 7만 명에 달하는 미국인이 강제 불임 수술을 받았는데, 그중 상당수가 유색인종이었으며 '정신적 결함'이 있다고 분류된 자들과 청각장애인, 시각장애인, 질병을 앓고 있는 사람들까지 포함되어 있었다.[3]

1927년, 미국 대법원은 벅 대 벨(Buck v. Bell) 사건에서 강제 불임 수술을 합법화하는 판결을 내렸다. 판결 당시 올리버 웬델 홈스 판사는 법률 의견서를 통해 '정신박약아'들이 "국가의 힘을 약화시키므로" 희생이 불가피하다고 주장했다. 거의한 세기가 지난 지금까지도 장애인은 지원을 필요로 하기 때문에 '사회적 부담'이라는 당시 논리와 유사한 주장이 반복되고 있다.

이것만 봐도 장애인에 대한 편견이 얼마나 끈질기게 지속되어 왔는지 알 수 있다. 홈스 판사는 또 이렇게 덧붙였다. "범죄자 자손이 또 범죄를 저질러 사형에 처하거나, 저능함 때문에 굶어 죽게 내버려두기보다는, 명백히 부적합하다고 여겨지는 사람들이 자손을 남기지 못하도록 사전에 막는 것이 세상에 더 이로운 일이다."[4]

벅 대 벨 사건은 차별의 역사 속에서 구조적으로 장애인을 억압한 불명예스러운 순간으로, 오늘날까지도 장애인의 자율성을 박탈하고 목숨을 평가절하하며 차별을 정당화하는 데 기여하고 있다. 이 글을 쓰고 있는 2023년까지도 이 법률은 폐지되지 않았다.[5]

안타깝게도 호주 등 일부 국가에서는 장애 여성에 대한 비동의 불임 수술을 여전히 합법적으로 허용한다.[6] 그러나 우생학적 관점에서 장애인의 생명을 위협하는 사례는 임신만이 아니다.

우생학은 과거일 뿐이며, '스펙트럼 10K' 같은 연구는 장애인에게 위협이 되지 않는다는 주장도 있다. 그러나 이 연구를 주도한 사이먼 배런코언조차 자폐 DNA 연구가 "미래의 정치 지도자나 과학자가 이 연구를 우생학에 사용하지 않으리라는 보장은 없다"고 밝힌 바 있다.[7]

'스펙트럼 10K'에 대한 반응을 보면, 신경다양인에 대한 부정적 태도가 여전히 존재함에도 이러한 태도를 거부하는 움직임 또한 태동하고 있음을 알 수 있다. '스펙트럼 10K' 연구는 생명권, 사생활 보호, 차별받지 않을 자유 등 여러 인권을 침해할 수 있다는 비판을 받으며 대중의 주목을 받았다. 사람들은 연구에 참여하는 센터 앞에서 항의 시위를 벌이고, '스펙트럼 10K 보이콧' 캠페인을 전개하여 수천 명의 지지를 얻어냈으며, 연구의 문제점을 논의하는 토론회를 개최하는 등 조직적으로 대응했다.

　　결국 연구가 중단되고 윤리적 문제에 대한 조사가 이어졌다. 안타깝게도 연구를 계속 진행해도 된다는 결론이 나긴 했으나, 이는 신경다양성 운동이 사회적으로 영향력을 발휘할 수 있음을 보여주는 사례가 되었다. 이를 통해 우리는 신경다양성 운동이 신경다양인의 비인간화를 거부하는 데 기반하고 있음을 알 수 있다.

　　신경다양성은 의학적으로 '정상' 범주 밖에 존재하는 사람들을 소외하거나 배척하는 것에 반대하며, 누구에게도 이러한 기준이 강요되지 않도록 저항한다. 팟캐스트 디소더랜

드(Disorderland) 진행자이자 작가인 제시 메도스는 신경다양성 개념을 이분법적으로 구분하는 것에 반대하며 이렇게 말한다. "'신경다양성'은 자폐의 완곡한 표현이 아니며, 단순히 부정적 인식을 극복하는 것 이상을 의미한다. 신경다양성은 인간의 신경학을 바라보는 하나의 패러다임이며, 병리적 패러다임에 맞서 싸우는 관점이기도 하다."[8]

이 패러다임은 신경다양성을 '치료'하려는 모든 의학적 시도에 반대하며, 세상에서 소수 집단을 없애는 것이 과연 긍정적이고 가치 있는 목표인지에 대해 의문을 던진다. 자폐 연구가 닉 차운은 이렇게 말한다. "공동체 건강을 위해 자폐인을 도려내야 한다는 주장이 타당하다고 입증된 적은 한 번도 없다."[9] 사람들은 자폐나 신경다양성을 없애 무엇을 얻고자 하는 것일까? 이들의 목표가 이루어진다면 세상은 무엇을 잃게 될까? 어떤 사람들이 살아갈 가치가 있는지를 결정하는 권한은 누구에게 있는가?

자폐와 신경다양성을 결핍으로 이해하는 것은 인류 역사 내내 우리의 사회 구조를 정의했던 '정상'의 개념을 강화한다. 이 개념은 인간 존재의 사회적 위계질서를 정립하여 오늘날 수많은 사람에게 영향을 미치는 권력의 불균형을 만들어냈다. 부유층과 빈곤층, 남성과 여성 및 논바이너리(nonbinary),

이성애자와 동성애자, 신경전형인(neurotypical)과 신경비전형인(neuroatypical). 이 모든 범주는 사회가 만들어낸 위계질서에 따라 규정되었으며, 억압적 대우를 정당화하거나 외면하는 수단으로 이용되었다. 신경다양성은 이런 위계를 뒤집을 기회, 특히 '신경규범성'에서 벗어날 기회를 제공한다. '정상'과 '비정상'의 사고방식과 존재 방식이 다르다는 환상에 의문을 제기하고 이 개념을 뒤흔드는 것이다.

***

과거를 돌아보면, 이러한 병리화가 어떻게 자본주의의 도구로 활용되었는지 알 수 있다. 정신건강 문제를 바라보는 사회적 시각과 정신병원의 창설 배경을 연구한 미카 프레이저-캐롤은 산업혁명 시대에 많은 '광인/정신질환자'와 장애인(즉 신경다양인)이 가정에서 밀려나 수용시설로 보내졌다고 설명한다.[10] 더욱 많은 사람들이 공장에서 일하게 되면서 집에서 가족에게 돌봄을 받을 수 없게 되자, 이들은 영국의 정신의료시설법 제정에 따라 세금으로 운영되는 의료시설에 수용되었다.

프레이저-캐롤은 이런 조치가 "이윤 창출에 활용될 수 없는 가난한 사람들, 장애인, 신체나 정신에 문제가 있는 사람들을 관리하는 수단이 되었다"고 서술했다.[11] 국가가 이들의 '돌봄'을 주도하면서 누가 격리되어야 하는지, 누가 노동을 수행할 수 있는지를 결정할 분류 체계가 필요해졌다. 프레이저-캐롤에 따르면, 이런 강제적이고 이분법적인 구분은 "광기와 정상성의 경계가 자본주의 생산 방식에 따라 정의되고 국가에 의해 관리되었음"을 보여준다.[12] 이런 인구 관리 방식은 신경다양성을 '정상'에서 벗어난 일탈로 규정하고, 노동 수행 능력에 따라 사람들을 분류하는 의료-산업 복합체의 기반을 마련했다.

사회 질서 맥락에서 비순응자는 해결해야 할 '문제'로 간주된다. 20세기 말 미국과 영국에서 수용시설과 정신병원의 대규모 폐쇄가 이루어졌음에도 정신질환자, 장애인, 신경다양인은 여전히 다른 방식으로 격리되거나 배제되고 있다.

억압의 구조를 넘어,
신경다양성과 해방의 정치

영국에서는 교도소 수감자의 절반이 신경다양인이라는

보고가 있다.[13] 자폐인이 범죄를 저지를 확률이 더 높다는 통념은 연구를 통해 반박되었음에도, 신경다양인은 형사사법 체계에 연루될 가능성이 더 높다.[14] 더 큰 문제는 신경다양인과 경찰의 충돌 과정에서 발생한다. 영국과 미국 모두에서 이런 충돌이 폭력과 사망으로 이어진 사례가 상당히 많다.

2016년, 미국에서 법 집행 중 사망한 사람들을 분석한 결과, 사망자 중 절반 가까이가 인지장애를 가졌던 것으로 나타났다.[15] 유색인종이나 소외된 계층일 경우 이런 위험은 훨씬 커진다. 엘리야 맥클레인의 사례가 이를 잘 보여준다. 자폐인이었던 그는 동네 가게에서 집으로 돌아가던 중 수상하다고 신고가 들어온 사람과 "인상착의가 비슷하다"는 이유로 경찰 손에 사망했다. 엘리야는 잘못이 없다고 호소했으나 강제로 제압당한 채 진정제를 맞았고, 결국 경찰의 과잉 진압으로 사망했다.[16]

영국 상황도 크게 다르지 않다. 보고에 따르면 경찰이 자폐인을 더 심하게 차별하는 경우가 많다.[17] 2000년대 초 런던 경찰청은 일곱 명의 경찰이 자폐와 뇌전증이 있는 16세의 언어장애 청소년을 과잉 제압하고 수갑을 채운 사건 때문에 맹비난을 받았다.[18] 바닥에 엎드려 강제로 진압당하는 과정에서 공포에 질린 피해자는 외상후스트레스장애(PTSD)를 진단받

앚으며, 뇌전증 증세도 악화되었다.

현재까지 진행된 연구는 신경다양인이 형사사법 체계에서 과도하게 차별당하는 이유에 대해 납득할 만한 원인을 제시하지 못하고 있다. 로버트 채프먼 같은 작가들은 이런 현상이 장애인 차별로 인한 사회 구조적 실패에서 비롯된 것이며, 다른 형태의 사회적 소외와 맞물려 구조적 문제를 심화시킨다고 지적한다.[19]

이러한 구조적 문제의 심각성은 신경다양성 논의에서 중요한 사회적 흐름으로 자리 잡은 억압 구조 '폐지론'과 맞닿아 있다. 신경다양성은 오랫동안 사회를 지배해 온 체계, 규범, 절차를 해체하고, 재구성하고, 새롭게 구상할 것을 요구한다. 이런 점에서 폐지론의 정치적 관점은 신경다양성의 이면에 있는 철학과 궤를 같이한다. 특히 경찰과 형사사법 체계를 살펴보면, 이러한 제도는 신경다양인을 보호하기는커녕 오히려 생명에 위험을 가하고 있다. 신경다양인들이 비인간화되고, 학대당하고, 높은 비율로 수감되는 현실을 고려하면, 이러한 시스템을 폐지하는 것은 신경다양인의 해방을 위해 꼭 필요한 과제다.

그러나 이러한 폐지론적 관점은 경찰이나 형사사법 체계에만 국한되지 않고 자본주의, 인종차별, 제국주의, 가부장제 등 억압적 구조 전반을 철폐함으로써 **모두가** 해방될 미래를 상상할 수 있게 한다.

2020년, 미국에서는 '블랙 라이브스 매터'(Black Lives Matter) 운동과 함께 경찰 폐지를 요구하는 목소리가 주류 담론에 등장했다. 특히 폐지론과 관련해 급진적인 미래 비전을 제시한 인물로 정치활동가 앤절라 데이비스가 있다. 그녀는 폐지 페미니즘(Abolition Feminism, 기존 억압적 제도와 구조, 특히 감옥이나 경찰 제도의 폐지를 주장하며, 성차별, 인종차별, 경제적 불평등 등 다양한 형태의 억압에 맞서 싸우는 페미니즘의 흐름—옮긴이)이라는 개념을 통해 구조적·개인적 폭력에서 벗어나 모든 형태의 억압이 교차하여 작동하는 방식을 인식하고, 이에 대응하는 전략을 개발하는 운동을 주창했다. 2001년, 폭력에 맞서는 유색인 여성 모임인 'INCITE!'와 교도소 시스템을 해체하기 위해 운동하는 저항 단체 '크리티컬 레지스탕스' 두 단체가 공동으로 발표한 성명서에는 다음과 같은 내용이 포함되었다.

우리는 폭력을 종식하는 데 그치지 않고, 급진적 자유와 상호 책임, 그리고 깊은 상호 존중에 기반한 사회를 만들고자 한다.

새로운 사회에서는 안전과 안보가 폭력과 그 위협에 의존하지 않으며, 모든 사람의 생존과 돌봄을 보장하기 위한 집단 전체의 노력에 기반할 것이다.[20]

신경다양인이 지속적으로 시설에 구금되는 현실은 신경학적 비순응이 통제되거나 억눌려야 할 '범죄적 성향'으로 여겨지고 있음을 보여준다. 신경다양성 운동과 폐지론 이면에 있는 관점을 결합한다면, 우리는 이 흐름에 저항할 수 있을 것이다.

현재의 구금 시스템, 경찰, 법체계는 소외된 집단을 보호하기는커녕 부당하게 표적으로 삼고 지속적 폭력에 노출시킨다. 신경다양인 역시 의심할 여지 없이 이 상황의 피해자다. 억압 구조 폐지론은 사회가 현재 시스템의 한계를 직시하고 이에 대응하도록 요구하며, 신경다양인에게 가장 시급하게 필요한 것이 무엇인지 고려하게 한다.

성폭력 경험과 정신병원 강제 수용의 위험이 대표적 예다. 폐지론과 신경다양성을 논의하는 과정에서 드러난 충격적 통계에 따르면, 미국에서 지적장애가 있는 사람이 성폭력을 당할 확률은 일반인에 비해 7배나 높았다.[21] 이런 범죄는 주로 기관이나 그룹홈 같은 시설에서 발생하며, 가해자는 피해자들이 신뢰하는 사람들이다. 게다가 대부분의 폭력 사건은 기소되거나 해결되지 않은 채 반복적으로 발생했다.

돌봄을 맡은 이들에게 착취와 학대를 당하고, 계속된 소외로 인해 정당한 법적 보호나 처벌을 포기해야 하는 현실은 현재 우리 사회 시스템의 효율성과 도덕성에 대해 무엇을 말해주고 있는가? 그렇다면 피해자를 돕기 위한 전문 서비스는 어떤 모습이어야 할까? 신경다양인이 시설에 의존하지 않고, 그들을 비인간화하고 학대하는 이들로부터 안전하게 보호받을 수 있는 지원 체계를 마련하려면 무엇이 필요할까?

병원 수용 실태를 살펴보기 위해 프레이저-캐롤의 연구를 다시 살펴보자. 그녀는 다른 형태의 수용 시스템을 논의하면서 정신보건법에 따라 병원에 수용된 자폐인과 발달장애인의 수가 얼마나 많은지 지적한다. 이들의 평균 입원 기간은 5.4년이며, 절반 이상이 2년 이상 수용되었다.[22] 2021년, BBC는 영국에서 최소 20년 이상 시설에 수용된 발달장애인과 자폐인이 100여 명에 달한다고 보도했다.[23]

현재 정신과 강제 입원과 진단·치료 센터 입원은 도움이 필요한 사람들을 위한 지원의 형태로 여겨지고 있지만, 1983년 제정된 정신보건법에 따라 강제 입원하거나 복합적 지원이 필요해 입원한 사람들은 감옥과 다를 바 없는 끔찍한 처우를 경험했다고 털어놓는다. 과도한 신체 구속, 병원 내 이동 제한, 환자를 돌봐야 할 직원들의 모욕적 대우 등 환자들은 종종 끔찍한 현실을 마주해야 했다. 체셔의 한 병원에서 "배식구를 통해 음식을 받고" 사람들과의 접촉을 금지당한 자폐인의 어머니는, 아들이 겪은 열악한 처우에 대해 법적 대응을 강구했다. 그녀는 "동물에게도 이렇게 하지는 않을 것"이라고 분노했다.[24]

안타깝게도 이런 문제는 드물지 않게 발생한다. 몇 년에 한 번씩은 영국의 요양원이나 정신건강 센터의 끔찍한 실태 보고서가 공개된다. 1980년대 다큐멘터리 〈침묵하는 소수〉(Silent Minority)에서는 리딩과 서리 지역의 두 병원에 있는 사람들의 삶을 조명했다.[25] 2011년에는 윈터본 뷰 사설 요양원에서 장애인을 학대한 사건이 발생해, 환자를 학대한 요양원 직원 여섯 명이 징역형을 선고받았다.[26] 2021년에는 켄트주의 한 발달장애인 및 자폐인 요양 시설이 돌봄 수준 열악으로 폐쇄되었는데, 시설 폐쇄 열 시간 전에야 겨우 가족에게 통보해 일부 가족에게 '비인도적'이라는 비난을 받았다.[27]

억압 구조 폐지론의 포괄적 시각을 통해 우리는 이런 사건이 더 이상 반복되지 않도록 사회를 재편할 방법을 모색할 수 있을 뿐만 아니라, 신경다양인이 계속 수용되거나 격리되는 현실에서 우리 사회가 '다름'을 어떻게 바라보는지 되돌아 볼 수 있다. '정상'에서 벗어났다는 이유로 왜 감금과 폭력의 위험에 처해야 하는가? 신경학적 '정상' 기준에 부합하지 않는다고 왜 사람을 격리하고 배제하는가? 신경다양인이 사랑하는 이들과 함께 지낼 수 있도록 하려면 어떤 지원 시스템과 인프라를 마련해야 하는가? 그들이 사회에서 배제되지 않도록 하려면 어떻게 해야 하고, 자율성을 박탈당하지 않도록 하려면 어떻게 해야 하는가?

신경다양성에 대한 사회적 인식을 정치적으로 이해한다는 것은 사회의 각종 기관, 직장, 가정, 학교, 대학 등이 '정상성'이라는 사회적 기준을 만들고, 이 기준에 부합하지 않는 사람들을 '문제 있는 존재'로 낙인찍어 격리하도록 하는 현실에 맞서는 것을 의미한다.

특정 삶을 폐기 가능한 존재로 보는 사회적 관점을 거부한다는 점에서 신경다양성은 억압 구조 폐지론과 자연스럽게 연결된다. 폐지론의 대표 사상가이자 활동가인 루스 윌슨 길모어는 자유가 실체적이고 구체적인 것이라고 믿는다. 그녀에게 자유란 "자원, 창의성, 헌신을 결합해 모든 삶이 존중받는 환경을 만드는 것"을 의미한다.[28] 이것이 신경다양성의 핵심 방향성이자 우리 모두의 해방을 위한 기준점이 되어야 한다고, 나는 믿는다.

상품이 되길 거부한 정체성

신경다양성은 단순한 개인적 특성 문제가 아니라 더 넓은 억압 구조와 맞닿아 있는 사회적 문제다. 따라서 신경다양성을 논의할 때는 장애인에 대한 차별이 인종차별, 자본주의, 교도소 등과 같은 더 큰 구조와 어떻게 연결되는지를 탐구해야 한다. 이런 탐구는 신경다양인을 거두어 처벌하고, 때로는 죽음에 이르게 했던 의료 시스템의 초법성을 의심하게 만들며, 왜 이러한 시스템이 여전히 우리 존재와 경험을 정당화하는 데 필수적인지에 대해 근본적 질문을 던지게 한다.

신경다양성 개념이 처음 등장했을 때 담고 있던 정치적 메시지와 목적을 지키기 위해서는, 점점 두드러지는 신경다양성 경험에 대한 상품화에 저항해야 한다. 예를 들어, ADHD를 '초능력'으로 바꿔준다고 약속하거나, '다섯 가지 팁만 따르면' 자폐인도 CEO가 될 수 있다는 식으로, 어떤 방식으로든 경험을 최적화해주겠다고 주장하는 프로그램들이 그렇다.

모든 것을 상품화하는 자본주의의 특성을 고려하면 당연

한 현상이다. 그러나 이런 식의 접근은 신경다양성 경험을 철저히 개인화하고 더 큰 공동체와의 연결을 단절시킬 뿐만 아니라 사람들이 일상적으로 부딪히는 사회 구조적 문제에 의문을 제기하지 못하게 만든다.

상품화 과정에서 발생하는 또 다른 위험은 신경다양성의 '상품성 높은' 일부 특성만 과장된다는 점이다. 상품화되는 사람은 주로 중산층, 백인, 영어를 사용하는 신경다양인으로, 대다수 사회 구성원이 위협적으로 느끼지 않고 호감을 느끼는 이미지로 대표된다. 이렇게 신경다양인 중 소수만이 부각되면서 다른 신경다양인들은 이 기준에 맞춰 행동해야 한다는 기대를 받게 된다. 그러나 이런 기대는 애초에 충족시키기 불가능하며, 그 결과 또 누군가는 소외되는 결과를 빚는다. "나는 신경다양인을 지지하지만, 내가 받아들일 수 없는 방식으로 행동하는 신경다양인은 지지하지 않는다"라는 태도는 신경다양성 해방을 위한 노력을 분열시키고, 차별로 인해 다시금 좌절하게 한다.

자본주의의 교묘한 본질이 신경다양성의 의미를 변질시키게 내버려둔다면, 신경다양인 **모두**의 해방이라는 목표를 잃어버릴 위험이 있다. 자본주의 논리에 맞춰진 신경다양성 개념은 일부 사람들을 소외시킬 수 있다. 자본주의에서는 노동을 수행할 수 없어 돈을 벌기 어려운 신경다양인들이 사회에서 잊힐 위험에 처하게 되며, 그들의 신경다양성 또한 이윤 창출에 활용할 수 없게 된다.

비난받고 소외된 신경다양인들이 자존감을 높이고 개인적 성장을 도모하는 것은 긍정적인 일이다. 그러나 신경다양성에 대한 논의를 더 깊고 넓게 확장하려고 노력하지 않으면, 신경다양성 운동은 원래 목표에 도달하지 못하고 한계에 부딪힐 것이다. 서구 사회를 깊이 병들게 만든 극단적 개인주의에서 벗어난다면, 우리는 더 포괄적이고 해방적인 실천을 모색할 수 있다.

ADHD 코칭 상담사를 고용해 직장에서 업무 생산성을 극대화하는 방법을 가르치는 대신, 우리가 현재 추구하는 일의 방식 자체가 인간의 본질적인 사회적 욕구를 억압하는 구조는 아닌지 고민해봐야 한다. 왜 우리는 노동 시간과 '마땅히 누려야 할 삶'이 당연히 연관되어 있다고 생각할까? 말을 하지 못하는 사람에게 억지로 언어적 소통을 강요하는 대신 다른 소통방식을 사용할 수도 있을 텐데, 왜 굳이 언어 소통을 우선할까? 왜 효과적인 대체 소통방식을 개발하는 데 더 노력을 기울이지 않을까? 왜 필요한 사람들에게 이러한 방식을 (무상으로) 제공하지 않을까?

신경다양성은 현재 방식에 그대로 순응하지 않고, 현재 우리 세상이 작동하는 방식에 근본적 의문을 제기해 해방 가능성을 제시할 수 있다. 반면 신경다양성을 개인의 경험으로만 축소해버리면, 장애인 차별이 신경다양인의 삶과 경험을 어떻게 형성하고 규정하는지 등 사회 전체에 영향을 미치는 현상을 간과할 위험이 있다.

장애인 차별(이 주제는 3장에서 다시 다룰 것이다)은 데미언 밀턴의 '이중 공감 문제'(double empathy problem)를 통해 구체적으로 설명될 수 있다.[29] 데미언의 논문은 자폐 지지 운동에서 중요한 성과로, 자폐인의 사회적 소통 '결여'에 대한 통념을 비판한다. 기존 '마음 이론'(theory of mind)은 자폐를 치료 관점에서 본다. 자폐인은 타인의 생각과 감정을 상상하거나 행동을 예측하는 데 어려움을 겪으므로, 사회적 소통 문제가 온전히 자폐인에게 있다고 보았다. 그러나 밀턴은 '이중 공감 문제'를 통해 비자폐인 또한 자폐인의 사고방식과 존재 방식을 이해하려는 노력이 부족하다고 지적한다.

즉 공감과 이해의 문제는 단순히 자폐인의 인지 능력 '결여'에서 비롯된 것이 아니라, 양방향으로 적용되는 문제다. 최근 연구에 따르면, 자폐인 사이의 정보 전달은 매우 효율적인 반면, 신경전형인은 자폐인을 부정적으로 판단하여 상호작용을 꺼리는 경향이 있다고 한다.[30] 우리는 장애인 차별주의가 이러한 소통 단절에 어떤 영향을 미쳤는지, 그리고 그 단절의 책임을 장애인에게만 떠넘기고 있지는 않은지 다시금 생각해봐야 한다.

이 같은 오해와 소통의 어려움 중 다른 방식으로 세상을 바라보는 사람들을 이해하려는 관심이 부족해서 생긴 오해는 얼마나 될까? 자폐인은 결함이 있는 존재이므로 그들의 어려움에 공감할 필요가 없다는 장애인 차별적 시각은 이러한 태도를 어떻게 부추기고 있는가? 자폐인에 대한 편견과 낙인은 사회가 이들과 상호작용하거나 포용하려는 시도를 차단하여, 자폐인들을 사회적으로 고립된 존재로 만든다.

병리적 관점에서 이 상황을 바라보면, 자폐인의 본능적인 소통방식에 결함이 있으므로, 사회에 맞게 행동을 바꿀 책임이 그들에게 있다고 생각하게 된다. 그러나 신경다양성 패러다임 속에서는 이런 질문을 던질 수 있다. 왜 우리는 특정 상호작용과 의사소통 방식을 정상이라 규정하고, 다른 방식을 소외시키는 위계를 만들었을까? 이 '정상성'은 누구를 위한 것이며, 배제된 이는 누구인가?

상품화된 형태의 신경다양성만 유지한다면, 신경다양성이 개인의 정체성 및 삶의 경험에 미치는 복합적 영향을 살펴볼 기회를 잃을 수 있다. 그뿐 아니라 인종 이론가 마리 마쓰다가 제안한, 차별의 교차성과 억압 구조를 다층적으로 분석하는 사고방식인 '다른 질문 던지기'(asking the other question)를 실천하는 데도 방해가 될 수 있다. 1991년, 마쓰다는 이렇게 썼다.

> 나는 인종차별처럼 느껴지는 무언가를 볼 때, '이 안에 가부장제는 어디에 있는가?'라고 묻는다. 성차별처럼 느껴지는 무언가를 볼 때, '이 안에 이성애 중심주의는 어디에 있는가?'라고 묻는다. 동성애 혐오처럼 느껴지는 무언가를 볼 때, '이 안에 계급적 이해관계는 어디에 있는가?'라고 묻는다. 연대를 통해 우리는 명백한 지배 형태뿐 아니라 숨겨진 지배 형태까지 찾아내게 되며, 이를 통해 어떤 형태의 억압도 단독으로 존재하지 않는다는 것을 깨닫는다.[31]

신경다양성 운동이 변화하는 정치적 요구에 발맞춰 나가려면, 억압이 교차하는 구조를 인식하는 교차성 정치(intersectional politics, 킴벌리 크렌쇼의 이론에서 비롯된 개념으로, 특정 집단이 겪는 억압은 성별이나 인종 등 단일한 정체성만으로 설명할 수 없고, 여러 정체성이 겹치는 지점에서 더 복잡하게 나타난다는 뜻—옮긴이)의 관점이 필요하다. 신경다양성 운동에 대한 갑작스러운 관심에 밀려 그 진정한 의미가 퇴색되지 않으려면, 이 운동은 끊임없이 진화하고 확장되어야 한다.

'다른 질문 던지기' 관점에서 주목할 만한 글로는 리시아 칼슨의 연구가 있다. 칼슨은 페미니즘 이론을 바탕으로 19세기와 20세기 미국의 인지장애 역사를 분석했다.[32] 칼슨의 주장이 지금은 다소 시대에 뒤처진 것일 수 있지만, 소외된 집단이 어떤 방식으로 신경다양성을 경험하는지를 현대적 관점에서 이해하는 데 활용될 수 있다.

칼슨은 인지장애가 있는 여성들이 남성들과는 현저히 다른 방식으로 분류되고 취급되었음을 지적하며, 기관이 이 여성들을 정의하고 다루는 방식은 당시 성별 고정관념의 영향을 받았다고 설명한다. 당시 이 여성들이 혼외 자녀를 낳을 것이라는 편견이 만연했고, 따라서 앞서 언급한 강제 불임 수술 같은 방식으로 그들의 성적 표현을 통제해야 한다는 인식이 강했던 것이다.

오늘날 생식 통제의 문제는 덜 중요한 듯 보이지만, 시스젠더 남성 이외의 성별로 살아간다는 것은 여전히 신경다양성을 경험하는 방식에 직접적 영향을 미칠 수 있다. 성별에 따라 신경다양성을 다르게 경험하는 이유에 대해, 누군가는 초기 자폐 연구 대부분이 남성을 대상으로 했다는 점을 원인으로 지적하고, 누군가는 문화적으로 성별에 부여된 사회적 기대와 관련이 있다고 추측한다. 누군가는 사이먼 배런코언의 '극단적 남성 뇌 이론'(extreme male brain theory, 자폐를 공감보다 체계화 경향이 훨씬 강한, 즉 전형적인 남성 뇌의 극단화된 형태로 보는 주장—옮긴이)처럼 논란 있는 가설의 영향이라고 생각하기도 한다.

어떤 경우든 소외된 정체성을 가진 사람들은 여전히 자신의 신경다양성 특성이 간과되거나 오해받는 일을 겪을 수 있음을 알 수 있다. 최근 호주 연구에 따르면, 18세가 될 때까지 신경다양성 진단을 받지 않은 여학생 비율이 약 80%로 추정된다. 나도 여기에 해당한다.[33] 그러나 데번 프라이스는 이런 차이가 단순히 성별 때문만은 아니며, 사회적으로 소외된 모든 사람이 영향을 받는 것으로 이해해야 한다고 설명했다. 연구에 따르면, 인종 또한 적시에 진단을 받을 수 있는지 여부에 영향을 미친다.[34] 유색 자폐인은 진단 후에도 적절한 도움

을 받을 가능성이 낮으며, 부모들 역시 제때 필요한 지원에
접근할 기회가 부족하다는 뜻이다.

칼슨은 인지장애가 있는 여성들이 '모성'이라는 개념과
복잡하게 얽혀 있는 점을 탐구했다.

자폐와 관련해서는, 1940년대 정신과 의사 레오 캐너가
사용했던 (지금은 폐기된) 용어인 '냉장고 엄마'의 유행이 이를
뚜렷하게 보여준다. 이 용어는 어머니가 아이에게 지나치게
차갑고 무관심하게 대해 아이에게 자폐가 발생했다는 잘못
된 이론에서 비롯되었다.

이처럼 당시 사회에서는 장애가 있는 여성이 혼외 자녀를
낳을지도 모른다는 두려움, 또는 '실패한' 모성 때문에 장애가
있는 아이를 낳을 것이라는 우려가 팽배했다. 그러나 동시에
장애인 수용시설들은 여성의 돌봄 능력을 당연하게 여기며
착취하기도 했다.

칼슨은 장애인을 수용한 기관들이 처음부터 여성의 노동
에 의존했다고 설명한다. 여성 환자들은 다른 환자들을 돌보
는 역할을 맡기도 했다. '결함이 있다'는 이유로 사회에서 격
리된 여성들조차 돌봄 노동의 대상으로 착취당한 것은 전혀

놀랍지 않다. 칼슨은 "지적 능력과 도덕성이 부족하다는 이유로 보호와 분리가 필요하다고 판단된 '정신박약' 여성들조차 돌봄 본능은 그대로 유지된다"고 서술했다.[35]

이 역사를 페미니즘 관점에서 바라보면, 인지장애가 있는 여성들은 성격에 대한 억압적 고정관념에 시달렸을 뿐만 아니라, 사회로부터 격리되어 시설에 갇혔고, 시설 운영자들의 감시 아래 '적합한' 형태의 노동을 제공하도록 착취당했음을 알 수 있다. 칼슨은 "그녀들의 노동은 그들의 자유를 제한한 바로 그 구조의 필요를 충족시키는 역할을 했다"고 쓰기도 했다.[36]

과거의 문제는 현재도 여전히 반복되고 있다. 우리는 성별을 이유로 신경다양인이 소외되지 않도록 해야 한다. 이를 위해서는 진단받지 못하는 일이 없도록 하고, 진단 이후 더 나은 지원을 보장하며, 성별에 따른 신경다양인들의 경험을 다양하게 연구하고, 성별 정체성을 존중하는 포괄적 지원을 제공하기 위해 노력해야 한다.

3장

장애정의 운동과의 만남

2021년, 미국 법원은 자폐 또는 지적장애가 있는 아동과 성인이 다니는 특수학교에서 전기충격기 사용을 허용하기로 결정했다.[1] 전기충격기가 자해와 같은 행동을 효과적으로 수정할 수 있다는 주장이 있었기 때문이다. 그러나 전기충격기 사용을 반대하는 사람들은 이를 '고문'이라고 표현하며, 충격기가 과하게 사용될 가능성이 높고 장기적으로는 뇌 손상을 일으킬 위험이 있다고 반박했다. 미국 식품의약청(FDA)이 이 치료법의 효과를 뒷받침하는 증거가 '미약하다'고 보고했음에도, 법원은 전기충격기 사용 허용 결정을 고수했다. 해당 학교가 지난 10년 동안 로비 활동으로 약 25만 달러를 지출한 것이 영향을 미쳤을 가능성이 있다. 이 판결을 비판하는 사람들은 트위터에서 해시태그(#StopTheShocks)를 사용하여 자폐인에게 전기충격기를 쓰는 치료는 개에게 짖음 방지기를 채우거나 가축에게 전기충격기를 사용하는 것과 다를 바 없다고 비판했다. 이는 일부 사람들이 자폐인을 인간 이하로 취급한다는 사실을 상기시킨다.

자폐 아동을 대상으로 한 전기 충격 치료는 오랜 기간 시행되었다. 이러한 '치료법'을 다룬 연구 논문들은 자폐 아동에 놀랄 만큼 무관심하다. 1974년에 발표된 한 논문은 자폐 아동의 순응을 강요하기 위해 "고통스러운 전기 충격"을 사용하도록 장려하며, 끊임없이 자폐 아동을 '정상 아동'과 비교한다. 자해 행동에 효과적인 치료법을 말하면서 필자는 "덧붙이자면, 이 치료법 때문에 그렉이 죽을 수도 있었다"라고 고백하기도 한다.[2]

이 논문에서 드러나는 자폐 아동에 대한 무관심과, 아동의 삶에 끼칠 부정적 영향을 전혀 고려하지 않는 순응 강요 방식은 자폐인을 비인간적으로 대우하는 태도를 정당화한다. 이 논문은 50여 년 전에 발표되었지만, 지금도 상황은 크게 달라지지 않았다.

장애인 차별주의는 새로운 개념이 아니다. 식민지 시대의 백인 우월주의와 우생학 이론에 뿌리를 두고 있으며, 100년이 넘는 역사를 가졌다. 1883년 '우생학'이라는 용어를 처음 만든 프랜시스 골턴은 인류의 정신적·신체적 '결함'을 전부 제거하여 "더 나은 인류"를 만드는 데 관심이 있었다. 많은 미국 우생학자는 인종, 계급, 장애를 기준으로 특정 집단을 '부적합'하거나 '저능하다'고 간주했으며, 이들이 출산하면 백인 엘리트의 미래를 저해할 것이라고 주장했다.

인종차별과 장애인 차별의 결합은 인종 간 결혼과 성관계를 금지하는 백인-비백인 혼인·출산 금지법과 전 세계적인 강제 불임 수술 캠페인으로 이어졌다. 안타깝게도 이 두 억압 체계, 인종차별과 장애인 차별은 여전히 서로 연결되어 불공정한 사회 구조를 유지하는 역할을 한다. 예를 들어, 영국에서 흑인이 정신보건법에 따라 구금될 가능성은 백인보다 4배나 높다.[3] 이는 어떤 환자가 타인에게 더 '위협'이 될지에 대한 인종차별적 가정에서 비롯되었을 수 있다. 또는 유색인종이 제대로 된 검사와 지원을 받을 기회가 부족해서일지도 모른다. 이들이 의료 체계를 찾아올 즈음에는 이미 심각한 상황에 처한 경우가 많다. 특히 신경다양인 다수가 정신건강 문제를 겪고 있다는 점을 고려하면, 강제 입원을 당한 사람들

상당수가 (공식적인 진단 여부와 관계없이) 신경다양인일 가능성
도 크다.

장애인 차별주의는 그동안 정상 사회에서 '일탈자'로 낙
인찍힌 사람들을 배제하는 수단으로 사용되었다. 1952년 첫
발간된 〈정신질환 진단 및 통계 편람〉에서 동성애는 '반사회
적 인격장애'로 분류되었고, '성적 일탈자'라는 하위 범주에는
복장 도착증과 성전환증이 포함되었다. 동성애는 더 이상 공
식적인 정신질환으로 분류되지 않지만, 성적 정체성의 병리
화를 통해 특정 방식으로 살아가는 사람들을 의학적으로 규
정하고 차별하는 데 장애인 차별주의가 강력한 힘을 발휘했
음을 보여주며, 이런 집단에 대한 사회적 인식과 접근 방식이
시대에 따라 변화했음을 시사한다.

안타깝게도 오랫동안 신경다양성과 '일탈적' 성적 정체성,
성별의 병리화는 모두 사회적 기준에서 벗어났다는 이유로
치료와 교정의 대상이 되었다. 이는 임상 심리학자 올리 이바
르 뢰바스의 연구를 통해 잘 드러난다. 뢰바스는 자폐 커뮤니
티에서 논란이 많은 '응용 행동 분석'(ABA) 창시자로 잘 알려
져 있다. 응용 행동 분석은 보상과 벌을 통해 특정 행동을 강
화하거나 감소시키는 등 행동을 조절하는 치료법으로, 뢰바
스는 이 치료법을 통해 자폐인을 '정상'으로 만들고 싶었다고

말했다.[4] 그러나 ABA를 경험한 많은 자폐인은 학대와 다름없는 고통스러운 경험이었다고 보고했다. 학계에서는 ABA에 윤리적 문제가 있으며, 외상후스트레스장애(PTSD) 증상을 유발할 수 있다고 지적했다. 이렇게 자폐인이 사회적 규범에 맞추지 못했다는 이유만으로 처벌받는다는 인식이 확산되자, ABA를 금지하려는 움직임이 늘어나고 있다. ABA 치료사들이 전기 충격 치료 등을 사용하거나 이를 묵인한 결정에 대한 논란도 여전히 계속되고 있다.

뢰바스는 1970년대 '여성스러운 소년 프로젝트'(Feminine Boy Project)를 만드는 데도 관여했다. 이 프로젝트는 "남자답지 못해 교정이 필요하다"고 여겨지는 청년들의 성 정체성과 행동을 수정하기 위한 '개입법'을 모색했는데, '나쁜' 행동을 '좋은' 행동으로 교정한다는 명목하에 물리적 속박, 때리기, 전기 충격 등 요법이 활용되었다. 이런 접근법은 오늘날 동성애 및 트렌스젠더 '전환 치료'로 알려져 있다. 뢰바스는 기존 성적 정체성과 성별 규범에 맞지 않는 정체성을 정신질환으로 간주했다. 뿌리 깊은 장애인 차별주의와, 젊은 세대에서 이러한 행동을 없애려 한 행위는 이후 전환 치료의 확산과 이를 통한 폭력 및 차별로 이어졌다.

자폐를 연구하는 마거릿 깁슨과 패티 더글러스는 철학자

로렌 벌렌트의 '잔인한 낙관주의' 이론을 통해 이 프로젝트의 본질적 악의를 설명한다. 잔인한 낙관주의는 사람들이 원하는 것이 오히려 자기 행복에 장애물이 될 때 발생하는데, 이 경우에는 치료하고자 하는 바람 때문에 그 과정의 고통을 정당화해 버리는 문제가 생긴다. 깁슨과 더글러스는 뢰바스가 행동 치료를 일종의 '성배'처럼 제시했다고 주장한다. 자폐 진단을 받았거나 어린 시절부터 성별에 순응하지 않는 행동을 보이는 사람들은 기존 치료법으로 교정할 수 없는 '절망적 사례'이며, 뢰바스는 부모들이 오랫동안 찾아 헤맨 해결책, 즉 희망을 되찾아줄 존재로 자신을 포장해 홍보했던 것이다.

깁슨과 더글러스는 이렇게 지적한다.

이 '낙관주의'의 잔인함은, 치료가 필요하다고 생각되는 이들을 평가하고 개입하여 비인간화하고, 강압하며, 규제하고, 신체적 폭력을 행사하는 것에 있다. 동시에 다른 사람들(교사, 부모, 지역 사회 구성원 등)을 동원해 이러한 병리화를 확산시키며, 그 과정에서 동원된 사람들까지 희생자로 만든다.[5]

뢰바스의 ABA 치료는 "문제 행동을 하는" 자폐 아동을 대상으로 긍정적 강화와 부정적 강화를 강력하게 사용했다. 긍정적 강화로는 '잘했어!' 같은 언어적 칭찬과 포옹 같은 신체적 접촉이 포함되었다. 반면 손이나 몸을 흔들거나, 신체를 사물에 부딪히거나, 가구에 오르거나, 실험자가 불렀을 때 가지 않거나, 실험자를 껴안지 않거나, 시선을 피하는 등 자폐적 행동에 대해서는 "뺨 때리기, 전기 충격, 질책" 같은 부정적 강화가 사용되었다. [6]

'여성스러운 소년 프로젝트'에서는 이 정도로 강압적인 치료를 하지는 않았지만, 아이가 여아용 장난감을 집는 등 "원치 않는" 행동을 하면 부모가 아이를 무시하도록 하고, 부모가 "아이를 체벌하는" 가정 내 훈련 프로그램을 허용하는 등 여전히 문제의 소지가 있었다. [7]

깁슨과 더글러스가 뢰바스의 연구를 분석하면서 강조한 것은, 이 프로젝트에서 절망감이 문제 행동의 교정에 과연 중요한 역할을 했는지다. 뢰바스는 치료 후 일부 자폐 아동이 "정상 친구들과 구별할 수 없을 정도"가 되었다고 과시하며, 자폐 아동과 성별 비순응 아동에게 치료가 절실히 필요하다는 서사를 구축했다. [8] 그는 이런 문제 행동 교정을 근거로 폭력적이고 비윤리적인 치료를 정당화했고, 이는 지금도 정당화되고 있다.

어떤 수단을 동원해서라도 자폐 행동을 '치료'하려는 강박적 태도는 오늘날도 흔하다. 부모와 연구자 들은 자폐인을 "정상적으로 기능하도록" 하기 위해 모든 방법을 동원하며, 신경다양성을 병리화하는 경향 또한 지속되고 있다. 치료법을 찾는 과정에서 부모들은 이산화염소(표백제와 유사한 물질)를 먹이거나 목욕 또는 관장 형태로 투여하기까지 했다. 일부 자폐 커뮤니티를 통해 '기적의 미네랄 솔루션'[9]이라고 홍보되었기 때문이다. 2023년에도 팔로워 10만 9천 명을 보유한 어느 틱톡 유저는 자신을 "자폐 자가 치유 중인 엄마"라고 칭한다. 그녀는 프로필에 "저는 의사가 아니며 의학적 조언은 하지 않습니다"라고 적어두었지만, 자폐 아동의 언어 지연을 해결하고 상동 행동을 멈추게 하며 (주로 촉각이나 후각 자극으로 인한) 음식 거부를 치료한다는 '디톡스 목욕법'을 공유하며 인기를 얻었다.[10] 그녀는 이 목욕법이 "아이들의 몸에서 중금속을 제거한다"고 주장하는데, 이는 발달장애의 원인이 중금속에 있다는 믿음에서 비롯된 것이다. 그녀가 돈을 벌려는 게 아니라고 옹호하는 댓글도 있었지만, 그녀는 자폐 또는 ADHD 아동을 위한 '디톡스 가이드'를 50달러에 판매했다.[11]

2000년대 초, 교회에서도 자폐를 치료하려는 시도가 있었다. 2003년에는 한 자폐 아동에게 '악령에 씌었다'고 믿은 사람들이 '구마 의식'을 하다가 아이가 사망한 사건이 보도되기도 했다.[12] 그 밖에도 종교는 자폐와 관련해 끊임없는 논란을 일으켰다. 구글에서 자주 검색되는 질문 중 하나는 "하나님은 왜 내게 자폐 아이를 주셨을까?"이며, 자폐 아동의 부모가 작성한 한 블로그는 교회 목사가 자녀의 자폐를 두고 "당신들이 죄를 성실히 고백하지 않은 게 아니냐"고 물었다며 토로했다.[13]

지난 한 세기 동안 자폐 연구계는 치료법을 찾기 위해 엄청난 돈과 시간을 쏟아부었다. 그러나 아직 치료법은 발견되지 않았다. 이제는 이런 집착을 멈추고, 자폐인의 삶의 질을 향상시키는 연구에 집중해야 할 때다. 신경다양성 운동을 통해 장애인 차별주의와 신경다양인들이 겪는 억압을 무너뜨리고자 한다면, 자폐(또는 신경다양성)가 세상을 살아가는 타당하고 가치 있는 방식이 아니라는 주장과 계속 맞서 싸워야 한다. 사회에 깊게 뿌리 내려 여전히 통용되고 있는, 자폐 또는 장애가 '절망적'이라는 인식을 철저히 거부하고, 비인간화의 모든 형태에 단호히 맞서야 한다. 자폐와 신경다양인의 인간성을 부정하는 모든 서사와 싸워 무너뜨려야 신경다양성 운동은 비로소 성공할 수 있다.

연대를 넘어, 경계를 확장하다

모든 신경다양인에게 장애가 있는 것은 아니지만 많은 신경다양인이 장애인으로 분류되는 것은 사실이다. 신경다양인은 세상에 접근하기 어렵다고 느끼며 평생을 살아가거나, 삶을 살아가는 데 필요한 기본적 편의를 얻기 위해 끊임없이 싸워야 한다. 자신이 존재할 권리를 확보하기 위해 투쟁해야 하며, 장애인을 향한 세상의 적대감에 고통받는다. 그 과정에서 이들은 차별, 학대, 배제를 직면하는데, 그 부당함의 정도는 인종이나 성별 같은 다른 정체성 요소에 따라 결정되는 경우가 많다.

따라서 신경다양성 운동이 신경다양인들이 겪는 다양한 억압에 맞서 싸우고자 한다면, 다른 인종이나 성별 등 교차적 정체성으로 인해 발생하는 다른 형태의 구조적 차별에도 함께 맞서야 한다. 신경다양성 운동이 이렇게 복합적인 힘의 구조를 이해하고 대처하기 위해서는, '장애정의 운동'의 성과와 활동을 고려하고 받아들일 필요가 있다.

신경다양성 운동의 수많은 성과는 장애인 권리 및 자폐인 권리 운동가들의 노력 덕분이다. 짐 싱클레어가 2012년 발표했던 "우리를 위해 슬퍼하지 마세요"는 자폐는 치료되어야 한다는 개념을 명확히 거부한 최초의 글 중 하나로, 오늘날 신경다양성 운동의 핵심 원칙이 되었다.[14] 또 싱클레어는 자폐인이 주도하고 자폐인을 위해 운영되는 연례 컨퍼런스 '어트리트'(Autreat)를 주최해, 자폐인들이 공통 경험을 공유하며 커뮤니티를 형성할 수 있는 최초의 물리적 공간을 제공하기도 했다.

그러나 이런 성공에도 불구하고, 장애인 권리 운동이 인종, 계급, 성별 또는 기타 정체성으로 인해 추가적 억압을 겪으며 더욱 소외된 장애인들을 충분히 포용하지 못했다는 비판이 제기되었다.[15] 장애인 권리 운동은 오랫동안 장애인의 법적 권리를 위해 열심히 싸우며 권한을 강화하기 위해 노력했지만, 사람들은 이 운동이 교도소, 경찰, 자본주의 시스템 등 소외된 장애인을 위험에 빠뜨리는 장애인 차별주의를 근본적으로 파헤치지 못했다고 지적한다.

장애정의 운동의 창립 구성원 패티 번은 장애인 권리 운동이 중요한 진전을 이룬 것은 사실이지만, "동시에 억압의 교차점에 놓인 사람들의 삶을 보이지 않게 만들었다"고 그 한계를 비판했다.[16]

신경다양성 운동이 성공하려면 사회에 존재하는 계급이나 성별 등의 정체성과 사회적 위치 등이 어떻게 교차하며 억압을 유발하는지를 고려해야 한다. 또 이러한 정체성으로 인해 신경다양인이 사회에서 받는 대우의 수준까지 결정된다는 점을 이해해야 한다. 그래야만 신경다양인이 경험하는 다양한 수준의 차별과 억압을 완전히 이해하고, 이에 맞설 방안을 모색할 수 있다.

***

장애인 권리 운동의 한계를 보완하기 위해, 2005년 처음으로 장애정의 집단(Disability Justice Collective)이 결성되었다. 유색인종 여성 성소수자 장애인인 패티 번, 미아 밍거스, 스테이시 밀번 등이 주도해 창설하였으며, 이후 장애인 운동가 리로이 무어, 엘리 클레어, 세바스티안 마가릿이 합류했다. 이들은 작가, 활동가, 교육자 등으로 활동하며 집단 해방을 요구하기 위한 수단으로 장애정의 운동을 발전시켰다. 여기서 장애정의의 의미는 다음과 같다.

장애정의란, 기존 장애인 권리 운동과 장애학이 교차적 억압으로 어려움을 겪는 사람들의 필요와 경험을 충분히 반영하지 못해 발생한 한계를 극복하고자 만들어졌다. 여기에는 유색인종 장애인, 이민자 장애인, 성소수자 장애인, 트랜스젠더 및 성별 비순응 장애인, 노숙자 장애인, 수감 중인 장애인, 소수 민족 장애인 등이 포함된다.[17]

패티 번과 동료들은 장애정의 기반 공연 프로젝트 '신스 인밸리드'(Sins Invalid, 우리는 죄가 아니다)를 시작하며 장애정의의 10가지 원칙을 만들었다.

1. 교차성
2. 영향력 큰 사람들의 리더십
3. 반자본주의 정치
4. 교차적 차별 해소 운동의 조직과 헌신
5. 온전함의 인식
6. 지속가능성
7. 장애 간 연대에 대한 헌신
8. 상호의존성
9. 집단적 접근성
10. 집단 해방[18]

장애정의 운동은 동화(assimilation)가 아닌 해방(liberation)

을 요구한다. 이 운동은 장애인의 삶을 가치 있게 여기지 않는 세상에 장애인을 억지로 맞추려는 시도를 거부한다. 대신 장애인 차별주의가 다른 형태의 억압과 연결되어 있음을 강조하며, 교차적 차별을 해소하기 위한 연대를 통해 이러한 시스템을 해체하고 재구축할 것을 요구한다. 더 이상 장애를 단편적이고 일방적인 문제로 취급하지 않고 모두에게 정의를 보장해야 한다는 것이다.

미아 밍거스는 이 과정을 "접근성을 넘어서는 것"이라고 묘사한다. 장애인들이 그저 다른 사람과 동등한 권리를 보장받기 위해 싸우는 데 그치지 않고, 기존 구조를 허물고 다시 구축하여 장애 접근성이 문제조차 되지 않는 새로운 세상을 만들어야 한다는 것이다. 밍거스는 접근성 확보가 장애인의 삶에 필수적임을 인정하면서도, 사회적 고립을 해소하고, 장애인 차별주의가 우리 문화에 침투하는 방식을 차단하며, '자립 신화'를 해체하는 방향으로 나가야 한다고 주장한다.[19]

우리가 사는 세상, 특히 개인주의가 극단적으로 강조되는 서구 사회는 '독립적 개인'이라는 이상을 내세워 다른 사람의 도움 없이 성공하고, 행복하게 살아가는 것이 완성된 삶이라는 환상을 퍼뜨리지만, 사실 그 이상은 허상이라고 밍거스는 지적한다. 옷은 누가 만드는가? 채소는 누가 수확하는가? 집은 누가 짓는가? 우리는 모두 생각지도 못한 방식으로 서로에게 의존하고 있다.

또 자립 신화는 장애인 차별주의적 사고방식을 반영한다. 미국 인권운동가 마리아메 카바는 밍거스의 주장을 인용하며 이렇게 강조한다.

밍거스는 늘 이렇게 말한다. "우리가 서로에게 의존하지 않아도 된다는 생각은 장애인 차별주의적 세상에서만 가능하다." 어떤 형태로든 장애가 있는 사람들은 반드시 타인과 관계를 맺어야 한다. 그렇지 않으면 생존할 수 없다. 상호의존성을 이해하고 구축해야 한다. 선택의 여지가 없다.[20]

밍거스의 '상호의존성' 개념은 우리 모두가 서로를 필요로 하며, 이를 인정하고 사회 시스템과 문화에 반영하면 모두에게 득이 된다는 믿음을 담고 있다. 우리는 모두 서로에게 의존하고 있고, 이러한 연결과 도움을 필요로 하는 것을 부끄러워할 필요가 없다. 오히려 자립을 성취의 척도로 여기는 문화를 재정립해야 한다. 혼자서만 성공한 사람은 아무도 없다.

장애정의 운동은 해로운 사회 시스템을 비판적으로 분석하는 활동가들에게도 중요한 영향을 미친다. 대표적 예로 자폐인 변호사이자 장애정의 운동가인 리디아 X. Z. 브라운이 있다.[21] 브라운은 유색인종 장애인을 위한 변호사로 활동하면서 사회에서 가장 소외된 구성원들이 겪는 다양한 학대와 차별을 폭로했고, "인종 문제를 해결하지 않고 장애 문제만 해결할 수는 없다"는 신념을 갖게 되었다.[22]

같은 제목의 에세이에서 브라운은 UCLA 시민 평등권 프로젝트 보고서를 인용하며, 미국의 많은 학교가 추가 지원이 필요한 장애 학생들을 제대로 파악하지 못할 뿐만 아니라 유색인종 학생들의 경우 이런 지원이 부족한 학교에 다닐 가능성이 높다고 강조한다.[23] 이 학생들은 필요한 지원을 받을 기회를 불공평하게 박탈당하고 있는 셈이다.

보고서에 따르면, 장애 학생은 비장애 학생보다 학교에서 정학당하는 비율이 훨씬 높으며, 특히 유색인종 장애 학생들은 그 비율이 더욱 높다. 이는 브라운이 사회에서 소외된 계층의 학생들을 경찰의 과도한 개입으로부터 변호하면서 직접 경험한 사실과도 일치한다.

브라운은 유색인종 장애인에 대한 범죄화(criminalisation, 특정 정체성을 가진 사람들이 일상 속에서 범죄자처럼 취급받는 사회

현상—옮긴이)가 점점 심화되고 있음을 강조한다. 이는 학교 교육 환경을 넘어서 다양한 통계 자료를 통해서도 확인된다. 미국에서 경찰관의 과잉 진압으로 사망한 사람의 절반은 장애인이며, 특히 흑인 장애인의 경우 절반 이상이 28세 이전에 체포된 경험이 있는 것으로 나타났다. 백인 장애인보다 무려 두 배나 높은 비율이다.[24]

미국 사법 체계의 심각성을 보여주는 대표적 사례가 바로 흑인 자폐 청소년 넬리 랫슨 사건이다. 랫슨은 평소처럼 도서관 앞을 산책하다가 쉬던 중, 어떤 사람이 "총을 소지했을 것 같은 수상한 남성"으로 신고하는 바람에 체포되었다. 그는 총을 소지하지 않았음에도 10년의 징역형을 선고받았고, 그중 상당 기간을 독방에 갇혀 지냈다. 거의 1년 가까이 독방에 갇혀 있었던 적도 있다.[25]

이들은 인종차별과 장애인 차별이 교차하는 사회에서 살아간다. 사회는 몇 가지 편견만으로 그들의 삶을 통제하고 과한 처벌을 내린다. 브라운의 보고서는 유색인종 장애인들이 백인 비장애인보다 부당한 처벌을 받을 확률이 높으며, 더 가혹한 결과를 직면하게 된다는 점을 보여준다. 차별적 사회 구조를 검토하고 개선하지 않는다면, 누군가는 삶의 기회를 빼앗기거나 가로막힐 수 있다.

이 외에도 유사한 사례는 수없이 많다. 신경다양인과 유색인종 장애인은 지속적으로 차별적 사회 구조의 피해를 받고 있다. 여기서 처벌 중심 사고를 가진 서구 사회의 문제가 드러난다. 필요한 지원 여부는 무시한 채 처벌만을 우선시하는 것이다.

UCLA 보고서에 언급된 학생 중 상당수는 신경다양인일 가능성이 높다. 실제로 보고서에는 ADHD 학생도 언급되어 있다. 우리는 신경다양성 운동을 통해 유색인종 학생들에게 불평등한 사회 구조와 인종차별을 개선할 수 있도록 해야 한다. 신경다양성 운동과 장애정의 운동의 목표를 연결하여, 신경다양인들 사이에 존재하는 교차적 불평등을 파악하고 구조적 차별을 효과적으로 해결해야 한다. 신경다양성 운동과 장애정의 운동을 연계하고 이 보고서의 내용을 활용한다면, 추가 지원이 필요한 학생들을 더 잘 식별하기 위해 어떤 점을 개선할지 검토할 수 있을 것이다. 또 사회 구조적인 인종차별까지 해결하여 모든 학생의 심리적·행동적 지원의 필요를 충족시킬 충분한 서비스를 제공할 수 있을 것이다.

유색인종 가정은 다양한 형태의 차별과 억압 속에서 살아남느라 신경다양인 가족 구성원을 돌보고 지원하기 힘든 경우가 많다. 인종 불평등의 맥락에서 신경다양성 운동과 장애 정의 운동을 연계하면, 이들이 신경다양인 가족 구성원을 돌보고 지원하는 방식이 달라지도록 영향을 미칠 수 있다.

이는 자폐인 권리 운동가 티파니(인스타그램 fidgets.and.fries)와 TJ(인스타그램 nigh.functioning.autism)가 자주 논의하는 주제이기도 하다. 자신이 신경다양인이자 신경다양인 자녀를 둔 부모이기도 한 두 사람은 인종차별적이고 폭력적인 사회 구조와 맞서 싸우며, 자신들이 처한 현실에서 맞닥뜨리게 되는 복잡한 문제를 깊이 탐구하고 공유한다.

이들은 다양한 상황이 있음을 고려해달라고 호소한다. 지원이 필요한 신경다양인 자녀를 둔 가정에서 대안 돌봄 서비스를 이용할 수 없는 경우, ABA 같은 논란이 많은 치료법에 의존할 수밖에 없는 사람도 있다는 것이다.

TJ는 자폐인들이 자신의 자연스러운 행동을 억누르는 '마스킹'에 대해 이야기한다. 마스킹이란 자폐인이 자신의 자폐적 행동이 부정적으로 받아들여질 것을 우려해 이를 억제하는 행위로, 최악의 경우 괴롭힘이나 학대를 피하기 위한 전략이 되기도 한다. TJ는 마스킹이 자폐인의 정신건강에 악영향을 준다는 사실을 알지만, 세상이 유색인종 자폐인을 어떻게 대하는지를 볼 때 자신의 자녀들이 때로는 마스킹을 할 수밖에 없음을 이해하고 충분히 교육해야 한다고 말한다. 그에 비하면 백인, 특히 나처럼 중산층 자폐인이 마스킹 없이도 불이익을 받지 않고 자유롭게 행동할 수 있는 것은 명백한 특권이라고밖에 할 수 없다.

장애 자녀를 둔 유색인종 가정이 겪는 인종차별과 불평등을 진정으로 이해하려면 어떻게 해야 할까? 이들이 ABA 치료나 마스킹을 반대하는 장애인 권리 운동가들의 주장에 동의하면서도, 동시에 교차적 정체성을 가진 사람들에게 더욱 적대적인 세상에서 살아남기 위해 자녀들이 자폐를 숨기도록 교육하며 현실에 맞서고 있다는 점을 인식해야 한다. 이들이 직면하는 차별과 억압에 무관심해서도 안 되고, 어떤 차별을 다른 차별보다 우선시해서도 안 된다. 이들이 직면하는 차별은 인종, 성별, 계급 등 이들의 정체성을 구성하는 모든 요소에 의해 형성된다. 신경다양성 운동이 성공하려면, 이러한 관점을 충분히 반영하고 이를 운동의 핵심 원칙에 통합해야 한다.

나는 자폐인이자 레즈비언으로서, 성별과 성적 지향에 대한 지배적 사회 규범인 시스헤테로규범(cisheteronormativity)이 무너지고 있으며, 신경다양성을 둘러싼 논의가 점점 더 활발해지고 있음을 잘 알고 있다. 최근 연구에 따르면 트렌스젠더 및 젠더 다양성을 가진 사람들이 자폐 진단을 받을 확률은 시스젠더 성인보다 3-6배나 높다고 한다.[26] 게다가 성적 지향에 대한 정확한 수치가 밝혀지지는 않았지만, 여러 자료에 따르면 자폐인은 이성애자가 아닐 가능성이 더 높다.[27] 이런 연구 결과를 종합하면, 신경다양성과 성별 및 성적 규범 거부 사이에 분명한 연결 고리가 있는 것으로 보인다.

물론 나는 이런 결과를 병리적으로 해석하고 싶지 않다. 해결해야 할 문제가 아니기 때문이다. 그러나 이를 통해 이미 신경학적 규범을 넘어선 신경다양인들이 다른 사회적 규범에 도전하거나 더 많은 종류의 규범을 깨뜨릴 확률이 높음을 알 수 있다.

이러한 경향의 근본적 원인이 무엇이든, 중요한 것은 신경다양성과 퀴어 정체성을 동시에 가진 사람들이 겪는 차별과 위험의 증가를 해결해야 한다는 점이다.[28] 영국과 미국을 비롯한 전 세계에서 성적 지향 및 젠더와 관련된 혐오 범죄가 계속되면서, 많은 성소수자들이 안전을 걱정하고 있다. 특히 신경다양성으로 인해 더 큰 차별에 노출된 사람들은 더욱 큰 두려움을 느끼고 있다. 장애정의 운동 관점에서 이 문제를 고려해 보면, 신경다양인의 권리를 지지하는 것은 LGBTQIA2S+(레즈비언, 게이, 양성애자, 트랜스젠더, 퀴어 또는 질문있음, 간성, 무성애자, 투-스피릿을 포함하는 성소수자들을 포괄하는 용어. 기호 '+'는 이러한 정체성 외에도 다른 성적 지향이나 성별 정체성을 가진 사람들을 포함함을 의미한다—옮긴이) 사람들의 권리를 지지하는 것과도 맞닿아 있음을 알 수 있다.[29]

장애인 차별주의와 다른 형태의 차별이 결합된 최근 사례로, 2023년 3월 미국 조지아주에서 통과된 트랜스젠더 반대 법안을 들 수 있다. 법안 "SB 140"은 성 정체성 지지 치료를 불법으로 규정하는 법안으로, 이 법안에는 성별 불쾌감(gender dysphoria)이 "자폐 스펙트럼 장애를 포함한 다른 정신건강 및 발달장애와 동반되는 경우가 많다"는 조항이 포함되어 있다.[30] 이 법안은 자폐를 무기 삼아 트랜스젠더 및 성별 비순응자에 대한 통제를 정당화하고, 누군가에게 절실할 수 있는 성 정체성 지지 치료를 받을 수 없게 만든다.

이 사례는 장애인 차별주의와 트랜스혐오/시스성차별(cissexism)이 결합될 때 지배적 사회 규범에 속하지 않는 사람들을 대상으로 차별의 힘이 얼마나 강력해질 수 있는지를 잘 보여준다. 법안에서 기존 이분법적 성별 틀을 벗어난 성 정체성을 가진 자폐인들이 자기 신체와 관련된 결정을 내릴 충분한 판단 능력이 없다고 규정하고 있기 때문이다.

이 법안은 제도적 폭력의 대표 사례다. 억압적이고 차별적인 사회 구조에 다양한 권력이 결합되어 더 많은 소외 계층을 종속시키기 때문이다. 법안은 이들을 시스헤테로규범이나 그 밖의 지배적 사회 체계에 위협이 되는 존재로 규정해 병리화하는 방식으로 통제하려 한다.[31]

신경다양성 성소수자들이 겪는 차별이 증가함에 따라, 연구에서 이들이 어떻게 다뤄지는지에 대한 우려도 커지고 있다. 성적 지향과 성별을 치료가 필요한 문제로 다룰 경우, 이미 신경학적 특성 때문에 치료가 필요하다고 취급받는 사람들을 또다시 '타자화'해 낯설고 비정상적 존재로 취급하게 되는 셈이다. 어느 트렌스젠더 자폐인 사례 연구에서는 연구자들이 시스젠더 중심주의 시각을 강하게 드러냈으며, 심지어 한 논문에서는 시스젠더 이성애 정체성을 '건강하다'고 묘사하면서 다른 정체성을 모두 문제 있는 상태로 취급하기까지 했다.[32] 그 외의 사례 연구들도 피험자들의 성별 정체성이 무시되거나 잘못 분류되었으며, 각 성별이 어떻게 행동해야 하는지에 대한 문화적 고정관념을 적용하는 등 생물학적 성별 중심적인 관점에서 수행되었다. 이런 연구는 신경다양인을 병리화하고 그들을 여러 측면에서 '비정상적'이라고 규정짓는 데 직접적으로 기여했다.

닉 워커는 퀴어 해방 이론과 신경다양성 이론을 결합했을 때 나타나는 변화를 통해 많은 것을 알려준다. 그녀는 '신경다양성 패러다임'을 광범위하게 다뤄온 성소수자이자 트렌스젠더 자폐인 작가로, '뉴로퀴어'(neuroqueer)라는 용어를 만든 인물이기도 하다. 워커는 뉴로퀴어가 "단순히 정체성만을 의미하는 개념이 아니라 행동과 실천을 강조하는 용어"이며, "신경학적 규범과 성적 규범을 동시에 무너뜨리고, 거부하고, 저항하며, 스스로를 해방해 자유롭게 존재하게 하는 행동을 설명하기 위해 만들어진 개념"이라고 정의한다.[33]

뉴로퀴어링(Neuroqueering)은 미리 정해진 제한적인 사회 규범에서 벗어나는 과정이다. 우리는 자라면서 사회적으로 구성된 역할과 습관에 얽매여 그 본질이나 기원에 의문조차 제기하지 못하곤 한다. 뉴로퀴어링은 이런 틀에서 벗어나 태어날 때부터 강요받은 경계를 넘어 자유롭게 존재할 수 있는 기회를 제공한다. 핵심은 하나의 해방적 실천을 다른 실천과 연결하는 데 있다. 이는 신경다양성 운동의 목표를 달성하기 위해서도 필수적 요소다. 워커는 이렇게 썼다. "이성규범성에서 해방되기 위해서는 신경규범성에서 해방되어야 하며, 신경규범성에서 해방되기 위해서는 이성규범성에서도 해방되어야 한다."[34]

워커가 신경규범성과 이성규범성, 이 두 개념의 상호 연결성을 드러낸 부분은 내가 마지막으로 강조하고 싶은 주제와도 맞닿아 있다. 개인의 신경다양성 경험은 인종, 성별, 성적 지향, 계급, 기타 장애 여부 등 다양한 정체성과 경험에 의해 크고 복합적인 영향을 받는다. 즉 신경다양인이 더 나은 삶을 살기 위해서는 이들의 삶의 질을 결정하거나 해를 끼칠 수 있는 사회적 차별 구조를 함께 직시하고 해결해야 함을 의미한다.

장애정의 운동은 소외된 개인을 억압하고 차별하는 수많은 구조와 시스템을 살펴볼 수 있는 틀을 제공한다. 이를 통해 우리는 이런 시스템이 어떻게 서로 얽혀 강력한 억압 구조를 형성하는지 고찰할 수 있다. 장애정의 운동과 신경다양성 운동이 결합할 때, 이러한 접근 방식을 차용하면 소외된 신경다양인이 직면할 추가적 위험을 예측하고 대응할 수 있다. 이 운동은 차별적 구조를 철폐하고, 전 세계 수많은 사람에게 피해와 고통을 주는 사회 구조를 폐지하도록 동기를 부여하며,

더 나아가 이를 대체할 새로운 시스템을 고민하게 한다. 모든 사람의 필요와 경험을 반영하여 구축한 세상이 어떤 모습일지 상상하게 만든다.

신경다양성 운동을 차별과 억압에 저항하고 평등을 지향하는 더 큰 사회적 해방 운동과 연계하면, 불의에 맞서 싸울 수 있는 더 넓고 강력한 연대와 네트워크를 구축할 수 있다. 신경다양인을 억압하는 징벌적 시스템을 없애면, 신경다양인뿐만 아니라 사회 전체에 긍정적 변화를 가져올 수 있다. 하나의 억압 시스템을 무너뜨리려면 다른 억압 시스템 또한 함께 해체되어야 한다. 모든 소외된 집단이 자유로워지지 않는 한, 어느 누구도 완전한 해방을 이룰 수 없기 때문이다.

최근 영국 돈커스터의 보호시설 세 곳에서 장애 아동을 심각하게 학대해온 정황이 밝혀졌다. 그곳 아이들이 어떤 취급을 받았는지를 보면서 장애인 차별주의적 사고방식이 장애인의 삶에 어떤 영향을 미치는지 알 수 있었다. 자폐, 뇌전증, 발달장애를 복합적으로 가진 루비라는 아이는 보호시설 직원들에 의해 바닥에 질질 끌려다니고, 감각을 과도하게 자극하는 고의적 괴롭힘으로 고통을 겪은 것으로 알려졌다. 직

원들의 개인 메시지에서 루비를 폭행한 정황이 드러났고, 이들은 결국 학대를 시인했다.[35]

우리는 사회가 규정한 기준에서 벗어난 사람들을 '결함이 있는 존재'로 보는 현재의 사고방식을 따르며, 누가 인간으로 인정받을 자격이 있는지를 결정하는 권한을 자임해왔다. 이런 사고방식은 특정 사회 계층을 차별·폭력·학대·착취 위험에 노출시키는 사회적 위계질서를 끊임없이 강화한다. 역사적으로 이러한 위계질서는 사회에서 가장 소외된 사람들을 짓밟아왔고, 이들은 단지 남들과 다르다는 이유만으로 벌을 받고 괴롭힘을 당했다.

결핍에 초점을 맞추는 이런 관점은 자폐의 경우 특히 두드러진다. 앞서 등장했던 로버트 채프먼과 철학 교수 하비 캐럴은 "자폐의 경우 정도의 차이는 있지만 건강이나 행복, 개인의 성장과 발전이라는 개념과 상충하는 것으로 널리 인식되고 있으며, 따라서 좋은 삶에 대한 객관적·주관적 기준에 부합하지 않는다고 여겨진다"고 지적한다.[36] 자폐인에게 결함이 있으므로 성장하고 발전할 수 없다고 치부하는 이러한 편견은, 자폐인을 인간으로 대우하는 행위에 거부감을 불러일으킨다. 이는 사회 규범에서 벗어나 지배적 사회 질서를 '위협'하는 것으로 간주되는 모든 소외된 집단도 마찬가지다.

어떤 집단을 인간 이하의 존재, 행복하고 '좋은' 삶을 누릴 자격이 없는 존재로 여긴다면, 그들이 겪는 부당한 대우를 쉽게 간과하게 된다. 채프먼과 캐럴은 자폐를 병으로 보는 지배적 시각이 "서로 얽힌 편견, 낙인, 차별로 인해 자폐인이 자폐 특성에 맞는 방식으로 성장하고 발전할 가능성을 인식하지 못하게 만들었다"고 지적한다.[37] 나는 이 의견에 전적으로 동의한다. 자폐를 병리화시키는 관점은 자폐에만 국한되지 않고 훨씬 더 광범위하게 확산될 수 있으며, 우리 사회에서 장애인 차별주의가 작동하는 방식에 심각한 영향을 끼친다.

비장애인은 장애인들이 사회에서 마주하는 '단절된 현실'을 간과하는 경우가 많다. 지난 한 달 동안 당신이 간 술집, 레스토랑, 사교 공간을 생각해보라. 휠체어를 탄 사람, 오래 서 있기 힘든 사람, 시끄러운 환경에서 감각 과부하로 어려움을 겪는 사람들이 갈 수 있을 만한 공간은 얼마나 되는가? 당신이 운동하거나 일하고 생활하는 공간은 어떤가? 공간 구조와 내부를 잠시 떠올려보라. 공간에서 배제되는 사람들을 생각해보라.

장애인은 쉽게 잊히거나 무시당한다. 장애인 차별주의는 이들을 "다른 사람들과 다르고 결함 있는 존재"로 분류하여 별도의 계층에 가두는 방식으로 작동한다. 앞서 언급했듯이,

장애인이 겪는 차별과 학대의 강도는 다른 여러 요인이 복합적으로 얽혀 결정된다. 그 결과 많은 장애인들은 평생에 걸쳐 다양한 형태의 억압과 부당함에 시달리게 된다.

그러나 신경다양인과 장애인도 다른 이들과 마찬가지로 이 세상에 속한 사람들이다. 이들 역시 단절되고 차별적이며 때로는 노골적으로 폭력적인 세상에서 살아가도록 강요받아서는 안 된다. 모든 사람은 자신만의 삶을 살아갈 권리가 있다. 장애인도 예외가 아니다.

4장

노동과 빈곤,
그리고 살아가는 조건들

나는 극소수의 일하는 자폐인에 속한다. 열여섯 살 때부터 지금까지 계속 일을 해왔다. 때로 일이 잘 풀릴 때도 있었지만 그렇지 않을 때도 있었다. 첫 직장은 파파존스였고, 거기서 사람들은 피자를 정말 좋아한다는 걸 배웠다.

사장이나 매니저에게 내가 자폐라는 것을 밝히는 건 위험 부담이 컸다. 가끔은 밝히지 않는 게 나았던 적도 있다. 한번은 일한 지 한 달쯤 지나서 자폐인이라고 밝혔더니, 그 후 매니저가 갑자기 말투를 바꾸어 나를 어린아이 대하듯 했다. 그는 같이 근무한 후 교대할 때마다 내게 하이파이브를 해주고, 잘했다고 칭찬까지 했다. 물론 다른 동료들에게는 그러지 않았고, 내가 자폐인이라고 밝히기 전까지는 나한테도 그런 적이 없었다.

최근 영국 통계에 따르면, 자폐인과 발달장애인은 다른 장애인 그룹보다 실업률이 훨씬 높았다. 자폐인의 21.7%, 발달장애인의 5.1%만 고용 상태에 있었다. 나라별로 수치가 조금씩 다르긴 했지만, 대체로 낮은 수준이었다.[1] 호주에서는 자폐인의 약 40%가 일하고 있었지만,[2] 중국에서는 10%도 되지 않았다.[3]◆ 다른 나라들은 관련 데이터를 수집할 자원조차 부족해 정보가 거의 없었다. 신경다양인이 안정적이고 보수가 좋은 일자리를 구하기는 힘들다. 그 외에도 많은 문제가 있지만, 이런 현실은 분명 신경다양인들이 자립하거나 생계를 꾸리기 어렵게 만든다.

우리가 신경다양인에 대한 편견을 없애고 더 나은 권리를 요구하는 이유는 신경다양인들을 자본주의에 맞춰 더 생산적으로 만들기 위함이 아니다. 모두가 노동할 수 있도록 만들거나, 더 많은 사람이 자본주의에 착취되도록 하는 것이 목적이 되어서는 안 된다. 나는 인간의 가치가 돈을 벌거나 경제

◆ 한국의 15세 이상 자폐성 장애인의 취업률은 약 28.1%로, 전체 장애인의 평균 고용률(34.6%)보다 낮게 나타났으며, 전체 인구 고용률(60.4%)의 절반 수준이다(출처: 한국장애인고용공단, "국내 발달장애인 10명 중 7명이 '미취업'", 2022년 기준 통계).

활동을 하는 것으로만 결정되는 게 아니라고 본다. 직업이 없다고 해서 삶의 의미나 가치가 다른 사람보다 덜하거나 낮다고 생각하지도 않는다.

오히려 어떤 이유로든 일할 수 없는 상황에 놓여 있는 사람도 다른 사람들과 마찬가지로 좋은 삶을 누리는 데 필요한 자원에 접근할 자격이 있다고 생각한다. 사람은 누구나 일시적이든 영구적이든 실업자가 될 수 있으며, 이는 변하지 않는 사실이다. 그렇다고 해서 그 누구도 학대나 차별, 부당한 대우를 받아서는 안 된다고 생각한다. 신경다양인의 삶을 개선하려면 먼저 그들의 생활 기반을 안정적으로 만들어야 한다. 우선 해결해야 할 문제는 고용 문제다. 실업은 장애인이 빈곤에 처할 위험을 높이고 사회적 고립을 심화시키기 때문이다.

직업을 갖고 일을 하는 행위에 결코 좋은 점만 있는 것은 아니다. 그러나 자본주의 사회에서 일할 수 없다는 것은 더 가혹한 일이다. 우리 사회 구조상 일할 수 없는 사람의 삶은 극도로 힘들어지며, 이로 인해 신경다양인의 삶은 심각한 상황으로 내몰리는 경우가 많다.

작가 아멜리아 호건은 자신의 책 《노동의 상실》(*Lost in Work*, 2021)에서, 전 세계적으로 빈부 격차가 계속 커지면서 노동 환경이 점점 더 암울해지고 있다고 지적한다. 그러나 이

보다 더 심각한 문제는, "일하지 못하는 사람들은 복지 혜택이 줄어들고, 게으르다는 도덕적 비난까지 감수해야 한다"는 현실이다.[4] 계속되는 복지 삭감과 무너지는 공공 서비스, 게으르다는 낙인과 비난, 다양한 위기 속에서 복지에 의존하는 일은 세계적으로 점점 어려워지는 추세다.

신경다양성에 속하는 여러 진단 그룹 전반에서는 일관되게 높은 실업률을 볼 수 있다. 영국의 한 연구에 따르면 "ADHD 그룹의 고용률은 일반인보다 50%나 낮았다."[5] 발달장애인의 고용률도 해마다 지속적으로 감소하고 있다. 나 역시 수많은 면접에서 탈락했다. 심지어 한 가게에서는 여섯 시간 동안 식기 세척 보조로 시험 근무를 하고도 전화 한 통 없이 탈락한 적이 있다. 석사 학위를 마친 후 나는 43건의 지원서를 제출하고 나서야 겨우 인턴십을 구할 수 있었다.

이런 통계가 중요한 이유는, 장애인의 불이익이 사회의 불평등한 구조와 연관되어 있기 때문이다. 이 글을 쓰고 있는 지금, 영국에서는 물가 상승률이 10%를 넘어 생활비 위기가 심각한 상황이며, 특히 장애인과 많은 신경다양인이 큰 타격을 입을 것으로 예상된다. 또 최신 연구에 따르면, 장애인 가구가 비장애인 가구와 비슷한 생활 수준을 유지하려면 월평균 약 1,200달러(약 170만 원)가 추가로 필요하다고 한다.[6] 난방

이나 장애 보조 장비 등 필요한 부분이 더 많기 때문으로 분석된다. 이런 이유로 영국 빈곤층의 28%(390만 명)가 장애인이며, 빈곤층 가구 중 장애인이 있는 가구는 20%(270만 가구)에 달하는 것으로 추정된다.[7] 영국 정부가 장애인의 경제적 안전과 생활 여건을 우선시하지 않은 탓에, 장애인들이 사회에서 소외되고 있음이 명확히 드러나는 수치다.◆

장애와 빈곤의 연관성은 영국만의 문제가 아니다. 나라별로 수집된 데이터는 다르지만, 과테말라, 인도, 카메룬을 대상으로 한 국제 연구에 따르면 세 나라 모두에서 장애인이 더 심한 빈곤에 직면한 것으로 나타났다. 장애인 빈곤은 전 세계적으로 심각한 문제다.[8]

우리는 무엇을 바꿔야 할까

현재의 사회 시스템에 문제가 있는 것은 분명하다. 그러

◆ 한국 역시 장애인의 빈곤율이 매우 높은 수준이다. 2021년 기준, 장애인 가구의 시장소득 기준 빈곤율은 42.2%로 전체 가구의 약 2배에 달하며, 공적 이전소득(정부가 지급하는 연금, 생계급여, 수당 등 현금성 지원)을 포함해도 27.2%로 여전히 높다. 이는 장애 관련 추가 지출(보조기기, 돌봄, 난방 등)에 비해 사회적 지원이 충분하지 않기 때문으로, 장애인의 경제적 불안정과 사회적 소외를 심화시킨다(출처: 보건복지부, 〈2023년 장애인실태조사〉; 〈경향신문〉, "장애인 10명 중 3명은 가난하다", 2023.12.3).

나 어떻게 바꿔야 할지는 쉽지 않은 문제다. 여기서 부와 자원의 재분배가 핵심 목표가 되어야 한다. 더 많은 사람의 삶을 개선할 수 있는 몇 가지 아이디어를 정리해보았다.

근무 환경 개선

2016년, 영국 국립자폐협회에서 실시한 연구에 따르면, 고용된 자폐인의 48%가 직장에서 괴롭힘이나 차별을 경험했다.[9] 이런 차별 때문에, 신경다양인들은 직장에서 자폐임을 밝히지 않으려 하며, 일자리를 찾는 데도 어려움을 겪는다.[10] 신경다양성에 대한 이해가 확산되고 사회적 인식이 바뀌면, 더 안전한 근무 환경을 조성할 수 있다.

신경다양성에 대한 인식과 배려가 늘어나면, 기업의 관심도 늘어나 사람들이 자신의 특성을 더 쉽게 밝힐 수 있는 개방적 분위기가 형성될 수 있다. 이후 다루겠지만, 신경다양인의 삶을 개선하는 조치들은 다른 근로자들에게도 도움이 될 수 있다. 우리의 최종 목표는 노동조합과 긴밀히 협력하여 신경다양인이든 아니든 모든 근로자가 차별 없이 자유롭게 일할 수 있는 환경을 만드는 것이다.

신경다양인들의 취업에는 수많은 장벽이 존재하지만, 여기서 개개인이 겪는 어려움을 전부 파악할 수는 없다. 이 글에서는 해결 가능한 대표적 문제를 몇 가지만 살펴보려 한다.

감각 친화적인 환경 조성

박물관이나 미술관 같은 공공장소에 마련된 것처럼 조명, 소음, 인파 등을 표시한 감각 지도 제작, 조용히 일할 수 있는 공간을 만들거나 헤드폰 사용 허용, 가능한 한 자연광이 많이 들어오는 사무실 환경 조성, 강한 인공조명 피하기 등의 방법으로 신경다양인에게 감각 친화적인 환경을 조성할 수 있다.[11]

이런 방법은 근무 환경뿐 아니라 공적·사적으로도 다양하게 활용될 수 있다. 대중교통, 거리, 병원, 집 등에서 신경다양인이 더 편안하게 생활할 수 있는 환경이 조성된다면, 이들의 삶은 어떻게 달라질까? 건축 설계에서 신경다양인의 특성을 고려해 더 이용하기 편한 공간을 만들려면 어떻게 해야 할까?

2022년 영국표준협회는 신경다양인의 감각적·신경학적 조건에 맞춘 건축 설계 표준을 최초로 발표했다. 앞으로도 이 분야에서 더 많은 변화와 개선이 이루어질 것이다.[12]

물리적·디지털 공간의 접근성 강화

장애인을 위한 환경이 잘 조성되어 있는지 전문 컨설팅

업체와 협력하거나 점검해야 한다. 휠체어 사용자가 일할 수 있는 사무실인지, 음성지원 프로그램을 사용하는 사람도 사내 커뮤니케이션 시스템을 원활히 사용할 수 있는지, 청각장애인을 어떻게 지원할 것인지 등의 문제를 고민해볼 필요가 있다.

이해와 수용 확대

직장 내 차별과 장애인에 대한 편견을 근절해야 한다. 신경다양성에 대해 교육하되, 장애인에 대한 고정관념을 강화할 위험이 있는 강사를 고용하지 않도록 주의해야 한다. 신경다양인을 과잉보호하거나 특이한 사람으로 취급하는 태도를 지양하고, 존중하며 일할 수 있어야 한다.

소통방식 개선

모호한 지시나 피드백, 불분명한 의사소통을 피해야 한다. 비언어적 의사소통이나 간접적인 언어 표현은 최소화하고, 명확하고 간결한 메시지를 전달해야 한다. 또 음성 출력 장치, 키보드 입력 장치 등 증강 및 대체 소통 장치를 사용하는 근로자들을 배려할 필요가 있다. 의사소통에 어려움을 겪는 사람을 위한 '스틱맨 커뮤니케이션' 같은 비언어적 시스템을 활용한 의사소통 도입도 고려해야 한다.[13] 직원들에게 수화 교육을 할 수도 있다. 면접 역시 편안한 분위기에서 진행되어야 하며, 질문을 사전에 공유하는 면접, 한 번이 아닌 여러 차례의 만남을 통해 서로를 알아가는 면접 등 다양한 방식이 도입되어야 한다.

유연한 근무 형태

재택근무나 출근과 재택을 병행하는 하이브리드 근무를 허용하고, 근무 시간도 유연하게 조정할 수 있어야 한다. 내가 사회적 피로감이나 과부하를 느낄 때, 우리 회사 사람들은 회의 일정을 조정해주거나, 화상 회의 대신 이메일로 업무 내용을 전달하는 등 세심하게 배려해준다. 그리고 나는 운 좋게도 시간 대부분을 재택근무로 일한다. 만약 정기적으로 사무실에 출근해야 했다면, 끊임없는 감각 과부하를 견디기 힘들어 업무 수행에 어려움을 겪었을 것이다. 유연한 근무 형태는 신경다양인 가족을 돌보는 사람들에게도 큰 도움이 된다.

직업 안정성

근무 시간이 고정되지 않은 불규칙한 근로 계약과 비정규직 위주의 취업시장이 확대되면서, 불안정한 고용 환경이 모두에게 부정적 영향을 미치고 있다. 특히 신경다양인에게는 이런 끊임없는 변화와 불안함이 더욱 어렵게 다가온다. 안정적 근무 환경이 제공된다면 모든 근로자의 삶의 질이 향상되며, 신경다양인에게는 특히 더 큰 도움이 된다.

교육 확대

대부분의 고용주는 신경다양인이 직장에서 어떤 일을 할 수 있는지 잘 알지 못한다. 장애에 대한 기존 편견과 '좋은 근로자'에 대한 고정관념을 되짚어보고, 더 열린 사고를 가질 수 있어야 한다. 자선 단체 MENCAP은 발달장애인을 위한 일자리와 견습 프로그램 확대 방안을 담은 보고서 〈모두를 위한 접근성〉(Access All Areas)을 발행했다. 이런 자료를 통해 고용주들이 장애인을 고용하는 데 실질적 도움을 줄 수 있다.

경청

신경다양성 연구와 장애 연구 분야가 계속 성장하면서, 신경다양인과 장애인의 경험을 수집하고 이들의 요구를 반영하는 작업이 더욱 중요해졌다. 어떤 배려와 지원이 실질적 변화를 가져올 수 있는지 파악하려면 더 큰 노력이 필요하다. 장애 연구가 라비 말호트라와 재클린 모이저가 발표한 "크립 타임, 편의 제공의 법적 의무: 장애인 노동자의 삶을 법적·물질적 관점에서 이해하기"를 참고하면 도움이 될 것이다.[14] 캐나다에서 수행된 이 프로젝트는 '크립 타임'(crip time) 개념을 탐구한다. '크립 타임'이란 장애인용 교통수단이나 도우미 서비스 등이 늦어지는 경우가 많아 장애인의 시간이 비장애인과 다르게 흘러간다는 뜻이다. 이런 개념을 이해하면, 장애인 고용에서 실질적 지원 방안을 마련하는 데도 중요한 통찰을 제공할 수 있다.

독일 연구에 따르면, '평균 이상'의 교육을 받은 자폐인도 비자폐인과 비교하면 고용 격차가 "놀랄 만큼 크다"고 한다. 이는 신경다양인이 노동시장에 진입하기 어렵게 만드는 가장 큰 요인이 노동시장의 구조적 문제임을 보여준다.[15]

현재의 노동 환경은 신경다양인에게 배타적일 뿐 아니라 대부분의 사람에게도 이상적이지 않다. 노동조합과 노조 활동가들이 긴밀히 협력하여 모든 근로자가 더 편안하고 안정적으로 일할 수 있도록 해결책을 마련한다면, 전반적인 근무 환경이 개선될 수 있다. 특히 신경다양인 근로자에 대한 연구를 바탕으로 효과적인 지원 방안을 도입한다면, 고용 격차를 해소하는 데 큰 도움이 될 것이다.

　이러한 혜택과 지원은 진단서 제출이나 추가 설명 없이도 누구나 자유롭게 이용할 수 있어야 한다. 누구든 불이익이나 불편한 질문을 걱정하지 않고도 필요한 지원을 요청할 수 있는 환경을 만들어야 한다. 이렇게 하면 신경다양인뿐 아니라 모든 근로자가 더 포용적이고 안정적인 근무 환경에서 일할 수 있을 것이다.

인식을 넘어 마음가짐까지

　신경다양성 운동의 진정한 목표는 신경다양인이 노동시장에 진입할 수 있도록 돕는 것이 아니다. 신경다양성 운동의 본질은 반자본주의적이다. 이 운동은 우리가 노동 생산성으로 존재 의미를 평가받거나, 과잉 소비가 지배하는 세상에서 얼마나 일하고 얼마나 돈을 벌었는지에 따라 사람의 가치가 결정된다는 사고방식을 거부한다.

　서구 자본주의가 이룩한 가장 성공적인 성과 중 하나는 개인주의의 확산이다. 우리는 원하는 직업을 얻기 위해서는 서로를 경쟁자로 여겨야 하며, 누가 더 많이 소유하는지를 겨루는 것이 중요하다고 교육받았다. 집이든, 자동차든, 옷이든 더 많이, 더 비싼 것을 소유할수록 성공한 사람으로 평가받는다. 자폐 청소년이었던 나는 반 친구들의 행동을 따라 하며 어울리려고 노력했고, 그 과정에서 사람들이 블랙베리 폰이나 최신 핸드백처럼 인기 있는 물건들을 일종의 사회적 화폐로 여긴다는 사실을 이해했다.

그러나 개인주의적 사고방식으로 우리가 돌려받는 것은 거의 없다. 사람들은 지구를 파괴하고, 점점 더 심해지는 불평등으로 고통받고 있으며, 사회경제적 지위가 높은 소수만이 특권과 혜택을 누리는 '허슬 문화'(hustle culture)로 인해 정신적·육체적으로 소진되고 있다. 이런 사고방식은 모두가 존중받는 세상을 만드는 데 필요한 핵심 가치에 완전히 반대되는 것이다. 이제 우리는 이기심과 이윤 추구를 최우선으로 여기는 사고방식을 버려야 한다.

개인주의는 신경다양성 운동에도 중요한 질문을 던진다. 단지 자폐 같은 특정 정체성을 공유한다는 이유만으로 타인들과 '공동체'가 될 수 있는가? 자본주의가 신경다양성을 점점 더 잠식해가면서, 신경다양성 정체성이 사회적 자본의 한 형태로 변모하고 있다는 주장도 제기되고 있다. 소셜 미디어의 '인플루언서'들이 신경다양성을 이용해 사회경제적 약자로 보이려 하거나 관심을 끌려는 행동 등이 이에 해당한다. 이처럼 신경다양성을 '상품화'하려는 과정은 신경다양성의 진정한 가치를 무시하고, 가장 힘없는 사람들과 자본주의 논리를 거부하는 사람들을 외면하는 초개인주의로 이어질 위험이 있다.

신경다양성 운동은 다수를 희생시키며 끝없는 경제 성장을 추구하는 방식을 거부해야 한다. 수익을 위해 취약한 사람들을 외면하는 행태를 거부해야 한다. 신경다양성은 노동에 참여할 수 없는 사람들을 사회에서 배제하지 않고 사회 일원으로 받아들여야 하며, 기존의 이기주의적 사회 구조에서 벗어나 배려와 연대를 바탕으로 한 새로운 사회적 관점을 모색해야 한다.

신경다양인을 이윤 창출의 수단으로 취급해서는 안 된다. 신경다양인의 노동시장 진입이 주주들의 이익을 늘리기 위한 수단으로 악용되어서도 안 된다. 우리는 직장에서 있는 그대로 존중받아야 하며, 다른 근로자와 동등하게 가치 있는 존재로 인정받아야 한다.

신경다양인을 상품화하는 시각을 지양한다면, 로버트 채프먼이 말한 "신자유주의적 신경다양성"의 함정에서 벗어날 수 있을지도 모른다. 채프먼이 말하는 신자유주의적 신경다양성이란 "신자유주의나 자본주의의 구조적 문제는 외면한 채 신경다양인(주로 자폐인) 개인의 효율성을 높이는 데만 집중하는 접근 방식"이다.[16] 이런 접근은 특히 기업 환경에서 두드러지며, 단지 회사의 이익을 위해 사람들을 일자리에 투입하는 데만 초점을 맞춘다. 이처럼 신경다양성에 대한 단편적인 접근은 신경다양인의 일상을 어렵게 만드는 차별적·억압적 사회 구조를 무시한다.

일할 수 없는 신경다양인은 언제나 존재한다. 그러나 현 사회 구조에서 이들의 삶은 경제적으로도 사회적으로도 매우 어렵다. 호건은 "자본주의하에서 일은 자기 계발, 존중, 성취감을 얻는 유일한 통로"라고 설명한다.[17] 우리는 일과 정체성을 연결 짓고, 일에서 성취감을 느끼며 살아가는 것을 당연하게 여기기 때문이다.

그래서 일하지 않는 사람은 사회적 배제나 차별을 경험하며, '복지 도둑'으로 낙인찍히거나 '열심히 노력하지 않는다'는 비난을 받기도 한다. 영국 〈데일리 텔레그래프〉는 "당신이 낸 세금 중 복지에 들어가는 비용 계산기"까지 만들어, 일할 수 없는 장애인들이 얼마나 많은 세금을 축내는지 강조함으로써 증오와 반감을 부추기기도 했다.[18]

저널리스트 프랜시스 라이언은 장애인에 대한 악마화를

심층적으로 분석하면서, 장애인들이 희생양이 된 것은 "우연이 아닌" 보수당의 긴축 정책에 따른 의도적 결과라고 지적한다. 보수당은 재정 적자 해소를 명목으로 복지 예산을 대폭 삭감하고, 장애인을 "일을 안 하는" 무임승차자로 규정해 부정적 이미지를 강화함으로써 대규모 복지 축소를 정당화했다. 이는 사회의 취약 계층을 더 큰 위험에 빠뜨렸을 뿐 아니라 사실에도 근거하지 않은 공격이었다. 라이언의 분석에 따르면, "2013년 복지센터 조사 결과, 장애인은 일반 시민보다 9배나 더 큰 예산 삭감을 겪었고, 중증 장애인의 경우에는 무려 19배나 더 심각한 타격을 받았다."[19]

신경다양성 운동은 이러한 경멸적 시선을 재고하고, 실업자들을 소외시키거나 그들의 삶을 덜 가치 있는 것으로 평가하는 태도를 멈출 것을 촉구한다. 인간은 이윤을 창출하기 위해 태어난 존재가 아니다. 이를 이해한다면 우리는 기쁨과 존중, 배려, 포용을 우선시하는 사회를 만들 수 있다. 노동이나 물질적 조건을 인간의 가치나 사회 참여의 권리를 판단하는 기준으로 삼는 관점을 멈추기 전에는, 어떤 형태의 평등에도 우리는 도달할 수 없다.

복지는 누구를 위한 것인가

앞서 언급된 장애와 빈곤에 관한 연구를 통해, 현재 장애인들에게 제공되는 재정적 지원이 턱없이 부족하다는 사실이 명확하게 드러난다. 장애인들이 감당해야 하는 추가 비용을 고려하고 복지 혜택을 늘려, 그동안 심각하게 삭감된 복지를 되살려야 한다. 전 세계적인 부의 재분배와 경제적 불평등 해소가 진정한 해방을 위한 핵심 목표가 되어야 한다. 경제적 불평등을 해결하기 위한 조치를 취하지 않는다면, 우리가 이루고자 하는 변화에도 한계가 있을 수밖에 없다.

복지 시스템은 일을 전혀 할 수 없는 사람들에게 지나치게 가혹하다. 오로지 최소한의 지원만 제공한다. 영국에서는 10년간의 긴축 정책과 복지 삭감 이후, 장애인 복지 예산이 약 50억 파운드(약 8조 2500억 원)나 줄었다. 장애 수당 수급자의 60%는 지원받는 금액이 생활을 유지하기에 충분하지 않다고 답했다.[20] 미국에서는 장애로 인해 일할 수 없는 사람들이 사회보장장애보험(SSDI) 혜택을 받는다. 그러나 이 제도는 수급 자격 기준이 매우 까다롭다. 미국 사회보장국조차 이 보험이 사회의 극 취약층만을 위한 것이라고 인정한다. 실제로 SSDI 수급자는 같은 연령대의 비수급자에 비해 사망 확률이

3배 이상 높은 것으로 나타났다. 사회보장국은 이 지원금이 '적은 금액'임을 인정하며, "2019년 초 기준으로 대상자에게 월평균 1234달러(약 180만 원)만을 지급했다"고 밝혔다. 이는 2018년 빈곤 기준선(연 1만 2140달러)을 겨우 넘는 수준이다.[21]◆

장애인의 재정적 안정을 보장하기 위해 복지 시스템의 경제적 지원을 강화해야 한다. 또 복지 시스템의 운영 방식에 대한 면밀한 검토도 필요하다. 대표적 문제로 가구소득심사 제도가 있다. 현재 영국에서는 장애로 인해 고용지원수당을 받는 신경다양인이 파트너와 동거하기로 결정하면, 더 이상 수당을 받을 수 없게 된다. 장애인은 비장애인 파트너에게 경제적으로 의존하게 되고, 일부는 재정적 어려움 때문에 학대받아도 벗어나지 못하는 상황에 처하기도 한다. 이렇게 불합리한 제도는 장애인들이 단순히 파트너와 함께 사는 것조차 어렵게 만들며, 전통적 가정생활의 이상에서 소외시키고, 가족을 꾸리기 힘들게 한다.

◆ 한국의 장애인 복지 예산은 OECD 평균에 크게 못 미친다. 2020년 기준, 국내총생산(GDP) 대비 전체 장애인 복지 지출은 0.71%로 OECD 평균(1.98%)의 3분의 1 수준이며, 이 중 현금성 급여는 0.39%로, OECD 평균(1.56%)의 4분의 1에도 못 미친다. 2022년 기준 장애인연금 수급자에게 지급된 월평균 급여액은 약 29만 원으로, 이는 한국의 1인 가구 기준 최저생계비(약 118만 원, 2022년)에도 한참 못 미치는 수준이다(출처: 〈경향신문〉, "장애인 10명 중 3명은 가난하다", 2023.12.3; 보건복지부, 〈2022년 장애인연금 사업안내〉).

장애수당을 신청하거나 수급하는 사람들을 힘들게 만드는 또 하나의 요인은 도덕적 실패에 대한 비난과 조롱이다. 영국에서는 일을 할 수 없는 사람들이 종종 비난과 경멸의 대상이 되며, 이들을 지원하기 위해 마련된 시스템조차 그런 태도를 반영한다. 보수 성향의 〈데일리 메일〉 같은 신문은 수년간 '부정수급자'에 대한 기사를 반복해 보도하면서 수급자들에 대한 악마화를 조장했다. 예를 들어 "휠체어 탄 부정수급자, 여행 중 코끼리 타는 사진을 들켜 장애인 수당 17,000파운드 부정 수급한 사실 적발" 같은 기사는, 누가 '진짜' 장애인인지 의심하게 만들고 장애인을 잠재적 사기꾼으로 낙인찍는다.[22] 기사에는 장애수당 수급자들을 철저히 조사해야 하며, 앞으로는 여권 검사나 심문을 의무화하고, 휴가비를 어떻게 마련했는지도 검증해야 한다는 댓글이 달리기도 했다.

영국의 복지 개혁 정책 이후 장애인은 더욱 심각한 차별에 직면하게 되었다. 이에 따라 UN 장애인 권리위원회는 2016년 영국의 장애인 학대 실태를 조사했고, 그 결과 "장애인의 권리가 조직적으로 심각하게 침해당하고 있다"고 판단했다.[23] 보고서에 따르면, 많은 장애인이 고발당한 '수당 사기'에 대한 증거는 발견되지 않았다. 또 장애인들이 일할 수 있는지나 재정 지원을 받을 자격이 있는지를 판단하는 '근로 적합성 평가'(현재는 근로 능력 평가로 불림)가 장애의 복잡한 특성이나 직무 수행에 필요한 지원을 충분히 반영하지 못한다고 지적했다.

이러한 종류의 조직적 학대는 실업 상태의 장애인에 대한 경멸에서 비롯된다. 대중은 일을 하지 못하거나 '충분히 일하지 않는' 사람들에게 제재를 가해 처벌하려는 심리를 갖는 경향이 있다. 이런 편견과 태도가 사라지고, 충분한 사회보장 시스템이 마련되지 않는 한, 신경다양인은 끝없는 편견과 불평등에 노출될 수밖에 없다.[24]

공공 서비스는 충분한가

개인주의를 우선시하는 사회 문화가 계속되면서 공공 서비스의 민영화가 증가하자, 이에 의존하는 취약 계층도 새로운 문제에 직면했다. 신경다양인은 사회복지 서비스의 지원을 받는 비율이 높을 뿐 아니라, 의료지원이 필요한 동반 질환을 앓고 있는 경우도 많다. 특히 자폐인의 경우 위장장애가 있을 확률이 높으며, 약 20%의 자폐인은 뇌전증을 앓고 있다.[25]

나 또한 섭식장애, 외상후스트레스장애, 신체이형장애 등
여러 정신과 진단을 받았고, 오랜 시간 국민건강보험을 통해
치료를 받았다. 자폐인에게 정신건강 문제가 흔하다는 점을
생각하면 그리 놀라운 일은 아니다. 이 외에도 빈맥 관리를
위해 심장내과에서 진료받고 있고, 다낭성 난소 증후군과 갑
상선 기능 저하증 진단도 받았다. 어릴 때는 소아 골다공증을
앓았고, 과운동성 증상을 관리하기 위해 오랫동안 물리치료
도 받았다. 나는 수년간 병원에서 많은 시간을 보냈다.

신경다양인에게 더 나은 삶의 질을 보장하려면, 공공 서
비스를 누가 소유하고 운영하는지를 먼저 고민해야 한다. 오
직 수익 창출만을 목적으로 하는 이들은 서비스 이용자와 그
들의 경험에는 전혀 관심을 두지 않는다. 우리는 서비스의 품
질에 집중해야 하며, 서비스가 돈을 벌기 위한 수단으로 전락
하지 않도록 해야 한다. 인간의 삶보다 이윤을 우선시하는 시
스템을 거부해야 한다.

이를 위해서는 공공 서비스에 더 많은 예산을 투입하고,
이용자 중심 시스템을 구축해 서비스를 이용하는 사람들의
실질적 필요를 충족시켜야 한다. 소외된 사람들의 포용과 참
여를 이끄는 비영리 단체 'Shaping Our Lives' 같은 곳들은 정
책과 서비스에 이용자의 요구를 반영할 수 있도록 노력하면

서, 서비스 이용자의 목소리를 경청하고 존중하는 것이 얼마나 중요한지를 보여준다.[26]

신경다양인 자녀를 둔 가정에서는 부모가 일을 할 수 없는 경우가 많고, 자녀가 학교를 졸업한 후에는 더 이상 지원도 받을 수 없다는 현실을 마주하게 된다. 이 과도기는 어느 젊은이에게나 어려운 시기지만, 신경다양인 청년과 그 가족에게는 더 큰 부담으로 다가온다. 부모들이 돌봄을 위해 직장을 그만둔 가정은 더욱 힘들다. 성인이 된 신경다양인을 위한 서비스, 연구, 정보가 현저히 부족한 현실 속에서, 당사자와 가족은 막막한 상황에 내몰리게 된다. 신경다양인 자녀를 둔 부모들은 거의 지원을 받지 못한 채 돌봄에 시간을 쏟느라 경제 활동이 어렵고, 그로 인해 빈곤에 시달리며 극심한 스트레스를 겪는다. 2020년 미국의 한 보고서에 따르면, 자폐 아동의 약 3분의 1이 빈곤층에 속해 있다. 가정의 경제적 사정은 인종과 민족에 따라서도 차이를 보인다. 보고서에 따르면 자폐 아동을 둔 흑인 가정의 80%, 히스패닉 가정의 75%가 경제적 어려움을 겪고 있었으나, 백인 가정의 경우에는 59%로 비교적 낮은 수치를 보였다.[27]

팬데믹은 이런 상황을 더욱 악화시켰다. 보고서에 따르면 돌봄 제공자들은 평균적으로 공공 서비스나 가족과 친구들로부터 받던 지원 시간을 주당 25시간이나 잃었으며, 72%는 돌봄에서 단 한 번도 휴식을 가져본 적이 없다고 답했다.[28]

이런 통계는 신경다양인 아동이나 성인을 평가하거나 비난하는 데 사용되어서는 안 된다. 오히려 우리는 이러한 자료를 통해 신경다양인과 그 가족을 적절하게 지원하지 못하고 있다는 사실을 인식해야 한다. 이들의 삶을 개선하기 위해서는 충분한 돌봄 서비스 제공이 최우선 과제가 되어야 한다. 또 가족 지원 방안을 연구할 때 인종과 같은 교차적 정체성이 물질적 어려움에 어떤 영향을 미치는지 반드시 고려해야 한다.

한편 예산 절감을 이유로 주간 보호센터 같은 전문 지역 서비스가 폐쇄되면서 소규모 활동 모임 같은 지역사회 프로그램으로 전환이 이루어졌다. 이런 서비스는 신경다양인이 느끼는 고립감을 해소하는 데는 도움이 될 수 있지만, 중증 장애가 있어 더욱 복합적인 지원과 배려가 필요한 이들에게는 여전히 한계가 있다. 특히 접근성이 낮은 공공장소에서는 활동 참여 자체가 어려워 배제될 위험이 더욱 크다.

충분한 예산을 확보해 신경다양인과 그 가족을 장기적으로 지원하는 형태의 서비스가 절실히 필요하다. 이러한 서비스는 신경다양성 운동의 목표를 존중하고 믿는 사람들과 함께 구축되어야 한다. 그러나 2020년 영국 하원의 보건사회복지위원회는 필요한 사람들에게 적절한 지원을 제공하려면 70억 파운드(약 11조 5천억 원)의 추가 예산이 필요하다고 추산했다.[29] 인플레이션을 고려하면, 이 금액은 앞으로 더 증가할 수밖에 없어 예산 확보도 요원한 실정이다.

일을 배울 권리

나는 운이 좋게도 대학에서 나를 이해하고 배려해주는 교수님들을 만났다. 덕분에 고등학교 시절과 달리 긍정적 경험을 통해 성장하는 시간이 되었다. 중·고등학교 시절 선생님들은 내 자존감을 깎아내리고 정신건강 문제로 창피함을 느끼게 만들었지만, 대학 교수님들은 내가 학습 환경에서 어려움을 느끼는 부분을 솔직하게 털어놓을 수 있게 해주었다. 내 이야기를 경청했고, 나를 도와 함께 해결책을 찾아주었다.

그러나 대학에서 교육받을 기회는 여전히 많은 사람에게 닫혀 있어 접근이 쉽지 않다. 이는 코로나19 락다운 동안 더욱 극명하게 드러났다. 과거에는 온라인 학습 환경을 제공하기 어렵다며 신경다양인 학생들의 입학을 거절하더니, 팬데믹이 닥치자 갑자기 모든 학생을 위한 온라인 강의가 마련되는 모습을 보며 나는 큰 충격을 받았다. 이게 가능한 일이었다면 왜 다른 학생들이 요구했을 때는 들어주지 않았던 걸까?

교육 환경에서의 소외는 대학 교육에만 국한되지 않는다. 영국 자폐협회의 최근 보고서에 따르면, 영국의 자폐 아동 중 73%가 일반 학교에 다니고 있지만, 중·고등학교 교사 7명 중 1명만이 자폐 학생 관련 교육을 받은 경험이 있는 것으로 나타났다.[30] 교육 환경에의 접근성 부족은 장애인과 비장애인 사이의 학력 격차로도 이어진다. 영국에서는 비장애인의 42.7%가 대졸 학력을 보유한 반면 장애인은 24.9%에 불과했다.[31]◆ 신경다양인이 일할 수 있게 하려면, 필요한 기술을 배울 기회가 보장되어야 한다. 이를 위해서는 대학뿐 아니라 모든 유형의 교육에 대한 접근성을 높이고, 특정 교육만이 더 가치 있다고 여기는 엘리트주의적 고정관념을 타파해야 한다.

◆ 한국에서도 자폐 학생을 비롯한 장애 학생에 대한 교사 연수는 매우 제한적이다. 2023년 기준으로 특수교육 대상 학생은 전체 학생의 2.7% 수준이지만, 일반 교사를 대상으로 한 특수교육 관련 연수는 의무가 아니며, 실질적인 이수율도 낮다. 또 2020년 기준, 고등교육(대학 이상) 이수율은 전체 인구의 약 70%인 반면, 등록 장애인의 대학 진학률은 약 40%에 그친다. 이는 교육 접근성과 지원 체계의 불균형을 보여주는 지표로, 신경다양성과 장애에 대한 포괄적 교육 정책이 시급하다는 점을 시사한다(출처: 교육부, 〈2023 특수교육 연차보고서〉; 국가통계포털 KOSIS, 〈장애인 교육통계〉, 2021).

현재 고등교육 기관들은 신경다양인 학생과 교직원이 자신의 특성과 필요에 맞는 방식으로 학습하고 일할 수 있도록 보장하는 환경을 마련하는 것을 중요한 과제로 인식하고, 이를 실현하기 위한 실질적 변화를 모색하는 핵심 연구를 진행하고 있다.[32] 불평등을 해소하려면 시스템 전반의 개선이 필요하다는 인식이 확산되고 있으며, 신경다양인이 직접 참여해 변화의 방향성을 결정해야 한다는 인식도 강화되고 있다.

이런 연구는 대학과 직업교육 기관뿐 아니라 초등학교, 유치원, 견습 프로그램 등 모든 교육 분야에 중요한 시사점을 제공한다. 사회가 요람부터 무덤까지 모두를 위한 가치 있는 교육을 제공하겠다는 목표를 진정으로 실현하려면, 교육의 모든 영역에서 접근성을 보장해야 한다.

신경다양성 운동이 계속 성장하고 있는 만큼, 앞으로는 신경다양인 학생에 대한 낙인을 없애고, 더 많은 신경다양인이 자신이 원하는 기술을 습득하며 꿈을 실현할 기회를 제공해야 한다.

신경다양인과 그 가족의 경제적 여건이 개선되지 않는 한, 불평등의 악순환은 계속될 것이다. 노동 중심적인 사고방식을 버리지 않는다면, 불평등은 사라지기는커녕 더욱 악화할 것이다. 이 문제에는 다른 해결책이 없다.

나는 일을 통해 사회에 기여할 수 있는 사람만 좋은 삶을 누릴 자격이 있다고 생각하지 않는다. 자본주의가 규정한 '생산성'의 기준이 개인의 가치를 결정하거나, 기본적인 생존 자원에 접근할 권리를 판단하는 척도가 되어서는 안 된다.

신경다양인은 고용 상태와 관계없이 자신이 속한 공동체의 주체적 구성원이 될 수 있어야 한다. 일할 수 없다고 해서 불이익을 받거나 사회적으로 비난받아서는 안 되며, 경제정책 수립 같은 사회·경제적 결정 과정에서 배제되어서도 안 된다. 신경다양인은 다른 모든 사람과 마찬가지로 접근성이 좋고 안정적이며, 적절한 보상을 받는 환경에서 일할 수 있어야 한다. 이는 신경다양인뿐 아니라 모든 사람에게 보장되어야 할 권리다.

5장

신경다양성,
다음 세상을 상상하다

신경다양성 운동 프로젝트가 우리 사회를 근본적으로 재구성하고, 인지적 경험과 장애, 그리고 '좋은' 삶에 대한 문화적 인식을 완전히 바꿀 것을 요구한다면, 이것이 본질적으로 사회 변혁적 성격을 지닌다는 사실을 인정해야 하지 않을까? 신경다양성은 단순히 '장애'를 완곡하게 표현한 용어 이상의 의미를 지닌다.

이전 장에서는 신경다양인이 '정상성'에 대한 잘못된 관념에 얽매일 위험에 처해 있음을 살펴보았다. 기존 지배 구조와 현상을 유지하기 위해 만들어진 이분법적 구분은 기준에 맞지 않는 사람들을 사회에서 배제하고, 경계 밖으로 밀어내는 체제를 구축해왔다. 오직 하나의 '올바른' 삶의 방식만이 존재한다고 가정하면, 이 경계에 포함되지 못한 사람들은 소외와 차별을 겪으며 살아갈 수밖에 없다.

신경다양인과 그 가족은 매일 같이 좌절을 경험한다. 이들을 포용하는 새로운 사회 시스템을 마련하지 않으면, 이런 상황은 앞으로도 달라지지 않을 것이다.

우리는 신경다양성이라는 용어가 본래 의미를 잃고 왜곡되는 것을 경계해야 한다. 이 단어가 지닌 사회정치적 기원을 이해하고, 이 단어가 이루고자 하는 목표의 깊이를 제대로 파악해야 한다. 신경다양성은 단순한 유행어가 아니라 세상을 바라보는 새로운 관점이다. 우리가 서로 소통하고, 이해하고, 연민을 표현하는 방식을 변화시킬 힘이다. 수많은 사상가가 신경다양성 이론과, 이를 통해 만들어가고자 하는 세상에 대해 심도 있는 연구와 논의를 이어왔다. 가능성은 무궁무진하다. 답답하고 실망스러운 세상을 살아가는 우리에게, 가능성은 무엇보다 소중히 여겨야 할 자원이다.

그렇다면 이런 가능성을 통해 무엇을 변화시킬 수 있을까? 이번 장에서는 내가 신경다양인과 그들의 사랑하는 가족, 친구들과의 대화에서 나누었던 생각을 공유하려 한다. 신경다양인이 포용받고 존중받는 사회를 꿈꾸는, 희망 어린 속삭

임이 되기를 바라며.

언어가 만든 세계, 언어가 바꿀 세계

신경다양성 운동에서 언어가 차지하는 역할을 언급하지 않는다면 큰 실수이리라. 나는 유럽에 살며 영어로 글을 쓰는 백인 작가다. 영어 외에 다른 언어도 구사할 수 있긴 하지만, 내가 이 책을 영어로 쓰기로 한 선택과 나의 인종적 배경이 신경다양성 운동을 이해하고 전달하는 방식에 어떤 영향을 미쳤는지 인식해야 한다.

이 책을 포함해 신경다양성에 관한 유명한 책은 대부분 영어로 작성되었으며, 그중 다른 언어로 번역된 자료는 거의 없다. 다른 나라의 신경다양성 연구는 영어로 번역되고 있을까? 번역 부족은 영어권과 비영어권 모두에 해당하는 문제일까?

언어와 언어학 관점에서 신경다양성을 바라보면, 흥미로운 질문들이 떠오른다. 영어권 밖에서는 신경다양성을 어떻게 이해하고 있을까? 기존 신경다양성 운동에 충분히 반영되지 않은 지식 체계나 해석 방식이 있을까? 과연 정당한 평가와 관심을 받고 있을까?

　우리는 신경다양성에 대한 논의가 영어권에만 머무르지 않도록 해야 한다. 제국주의 체제와 지정학적 맥락에서 특권을 누리는 사람들의 삶과 경험만을 다루지 않아야 한다. 신경다양성을 국제적 관점에서 바라보고, 전 세계의 다양한 문화적 통찰과 사회적 저항 사례를 바탕으로 사람들의 사회문화적 조건을 깊이 이해하고 함께 협력할 수 있는 혁신적 접근법이 필요하다.

　이런 노력은 이미 시작되었다. 홍콩의 신경다양성 연구자 율린 청은 전 세계적 연구 협력을 통해 무엇을 얻을 수 있는지, 그 과정에서 어떤 장벽이 생길 수 있는지에 대한 질문을 던진다.[1] 에티오피아 활동가 제미 예누스, 인도의 비영리 단체 싱가스, 율린 청의 홍콩 내 옹호 활동 등의 사례는, 신경다양인의 삶을 개선하려는 국제적 노력이 어떤 점에서 효과를 발휘하고 있는지, 또 어떤 문제에 부딪히고 있는지를 이해하는 데 중요한 자료가 된다.

　최근 학계에서는 연구의 탈식민지화를 위한 노력이 활발히 이루어지고 있다. 백인 중심인 유럽 학계에서 배제되어 있던 목소리를 조명하고, 과거 무시당하던 사고방식과 경험을 인정하려는 시도다.

전 세계적 신경다양성 논의에서 사용되는 다양한 언어를 살펴보면, 신경다양성이 문화·언어별로 어떻게 구성되어 있는지를 더욱 깊이 이해할 수 있다. 한 국가에서 자폐인으로 살아간다는 것은 다른 국가에서 자폐인으로 사는 경험과 어떻게 다를까? 언어는 신경다양성을 바라보는 우리의 경험과 인식을 어떻게 형성할까?

영어에서는 '결함'(deficiency)이나 '장애'(disorder) 같은 용어를 사용해 신경다양인을 문제가 있는 사람으로 간주하고, 이로 인해 신경다양인은 사회적으로 소외되는 일이 흔하다. 언어가 우리의 문화적 인식에 미치는 영향은 매우 크다. 우리는 언어를 통해 신경다양성과 장애를 바라보는 관점을 형성하며, 그 결과 신경다양인은 존재 자체가 사회에 '짐'(burden)이 되는 사람으로 낙인찍히는 상황에까지 이르렀다. 자폐 연구에서 언어 사용의 영향을 분석한 한 연구는, "언어가 폭력을 정상화하는 도구로 작용할 수 있다"고 지적했다. 즉 언어가 신경다양인을 결핍된 존재로 규정함으로써, 차별과 편견이 당연하게 여겨지는 문화를 조장한다는 것이다.[2]

언어를 우리의 현실을 형성하는 역사적이고 물질적인 힘으로 이해한다면, 언어 자체가 신경다양인의 경험과 신경다양성 개념에 영향을 미친다는 점도 인정해야 한다. 우리는 신경다양성을 설명하는 데 사용되는 표현을 어떤 의미로 받아들이는가? 신경다양성에 대한 고정관념을 깨고 신경정상성에 맞서 새로운 접근 방식을 확장하려면, 어떤 언어가 필요할까?

언어는 우리가 세상을 만들어가는 도구다. 신경다양인으로서 이 세상을 살아가는 방식을 정의하는 힘을 지닌다. "우리의 말이 세상을 만든다"면, 우리는 이렇게 질문할 수도 있다. 다음에는 어떤 세상을 만들어가야 할까?[3]

돌봄 위기에 답하다

돌봄의 사유화는 누구에게도 도움이 되지 않는다. 돌봄을 사유화하거나, 금전적 거래로 취급하거나, 가족 내에서만 이루어져야 한다고 규정하는 것은 돌봄을 상품화하거나 그 가치를 제한하고, 더 나아가 사회 전반에 특정한 잣대를 강요해 (돌봄을 필요로 하는 사람이 돌봄을 받을 '자격'이 있는가? 어디까지가 필수적 돌봄인가?) 사회적 배제를 강화하는 도구로 사용되게 만든다. 게다가 신자유주의적 행복과 자기 계발 관념은 돌봄을 개인 책임으로 취급한다. 나은 삶을 위해서는 끝없이 돈을 써야 한다는 착각을 심고, 돌봄은 자기 관리 문제로 떠넘긴다.

이처럼 돌봄을 개인 문제로만 바라보는 시각은 사회복지와 지역사회 기반 돌봄 시스템을 무너뜨렸다. 영국에서는 해마다 공공 서비스 예산이 삭감되었고, 공공 서비스의 돌봄에 의존하던 사람들은 방치되었다. 사람보다 이윤을 우선시하는 결정은 '돌봄의 위기'라 불릴 수 있는 심각한 상황으로 이어졌다. 이 위기는 코로나19 팬데믹 속에서 더욱 악화되었다. 2023년 9월, BBC는 신경다양인을 돌보는 시스템이 사라진 탓에 적절한 돌봄을 받지 못한 수십 명의 자폐 청소년들이 안타깝게 사망했다고 보도했다. 10년 전부터 제기된 문제들이, 여전히 해결되지 못한 채 반복되고 있다.[4]

'상호의존성'이라는 개념은 개인의 회복탄력성만을 우선시하는 기존 가치관을 거부하고, 대신 타인에게 의존하면서도 자신의 자율성을 유지할 권리를 보장하는 것에 초점을 맞춘다. 상호의존성은 우리 사회가 도움이 필요한 사람에게 '수치심'을 투사하는 태도를 경계하며, 서로를 돌보고 공동체를 보살피는 것을 삶의 최우선 가치로 삼아야 한다고 주장한다.

신경다양성과 상호의존성을 기반으로 한 접근은 우리의 생존이 타인의 돌봄과 연관되어 있다는 사실을 강조한다. 우리는 모두 공동체 기반의 돌봄과 사회적 시스템 및 공간을 통해 자신에게 필요한 지원을 받을 권리를 가진다. 2017년 결성되어 돌봄 위기의 원인을 연구하고 대안을 제시하는 연구자 단체 '케어 컬렉티브'는 '포괄적 돌봄' 개념을 제안한다. 이는 돌봄이 필요한 사람 누구에게나 돌봄이 제공되어야 하고, 이러한 돌봄이 더 넓은 형태의 가족 관계와 연대의 틀 안에서 이루어져야 한다는 개념이다.

'케어 컬렉티브'는 "포괄적 돌봄을 장려하려면, 다양한 형태의 돌봄을 인식하고 지원할 수 있는 유연하고 역동적인 제도가 필요하다"고 주장한다.[5] 신경다양성 운동은 이런 제도를 구축하는 과정에서 신경다양인의 필요를 충분히 이해하고 반영하는 중요한 역할을 한다.

신경다양인이 더욱 나은 삶을 살아갈 수 있도록 지원 체계를 구축하기 위해 힘쓰는 활동가로 조던 짐머만이 있다. 짐머만은 말을 하지 않는 비언어 자폐인으로, 2022년 미국 대통령 직속 지적장애인위원회 위원으로 임명되었다. 언어를 통한 의사소통이 어려운 사람들을 위한 대체 의사소통 사용을 지지하며 '커뮤니케이션FIRST'의 의장을 맡고 있기도 하다. 이 단체는 "언어 관련 장애를 가진 사람들의 권리, 자율성, 기회, 존엄성을 보호하고 강화하기 위해 대중 인식 확대, 정책 및 실무 개혁, 체계적 옹호 활동을 펼치는 것"을 사명으로 삼

고 있다.[6]

짐머만은 장애인의 의사소통 접근권을 인권 문제로 바라보며, 말을 통해 의견을 전달하지 않으면 의사소통할 능력이 없다고 단정하거나, 음성 언어를 사용하지 않는 의사소통 방식을 낮춰 보는 차별주의적 태도에 맞서 싸운다. 그녀는 더 많은 사람이 대체 의사소통을 활용할 수 있도록 접근성을 높이고, 지적장애가 있는 사람도 타인의 도움을 받아 의사결정을 내릴 수 있도록 하는 '지원의사결정제도'를 통해 더 많은 자율성을 가질 수 있도록 돕는다. 말을 하지 않거나 지적장애가 있는 자폐인이 상당수라는 점을 고려하면, 짐머만의 활동은 신경다양성 운동의 성공을 위해 매우 중요한 역할을 한다.

영국에서는 국민건강서비스(NHS)가 무너져가고, 미국에서는 민영화된 의료 시스템이 돈 없는 사람들의 치료를 거부하는 현실 속에서, 의료 문제는 신경다양인에게 시급한 과제로 떠오르고 있다. 이런 시스템에서 신경다양인의 삶은 주류 의학적 관점에 크게 좌우된다. 1장에서 언급했듯, 이 의학적 관점은 신경다양성과 관련된 모든 문제를 진단하고 '치료'해야 할 개인적 결함으로 간주한다.

신경다양성을 병리적 상태로 바라보는 이러한 시각은 여러 치료법에 영향을 미쳤다. 앞 장에서도 논의했던, 뢰바스의 악명 높은 응용행동분석(ABA)이 대표적이다. 이러한 시각으로 인해 신경다양인을 고장 난 존재로 여기고 '고치는' 것을 목표로 하는 치료법이 확산되었다. 특히 ABA는 이러한 접근법의 '표준 모델'로 자리 잡을 만큼 널리 활용되었다.

최근에는 신경다양성 운동이 확산되면서 ABA와 같은 치료법을 중단하려는 움직임이 거세지고 있다. 신경다양성 운동 지지자들은 자폐가 '질병'이라는 잘못된 인식을 바로잡기 위해, 자폐는 '치료'가 필요하지 않으며 이러한 치료법들이 신경다양성을 하나의 정상적인 인지 기능으로 이해하는 관점과 맞지 않다고 비판한다. 이런 비판은 연구 결과로도 뒷받침된다. 연구에 따르면, ABA가 자폐인들의 PTSD 증상을 악화시킬 뿐 아니라, 자폐인과 그 가족의 권리를 침해하는 근본적으로 비윤리적인 방식임이 드러났다.[7]

행동 치료가 실제로 효과적이라는 증거가 거의 없다는 연구 결과가 늘어나고 있음에도, 사회적으로 소외된 자폐 아동의 부모들은 선택의 여지가 없다고 느껴 ABA 치료에 의지하는 경우가 많다.[8] 뢰바스는 바로 이런 '절망감'을 악용했다. 신경다양성 운동이 진정으로 의미 있는 변화를 만들려면, 이 절망감을 해소하는 것이 가장 시급한 문제다. 신경다양인이 학대나 차별, 억압적 순응 요구 없이 자유롭게 존재할 권리를 주장하려면, 이들이 안전하게 살아갈 수 있는 환경을 먼저 만들어야 한다. 그러려면 신경다양인과 그 가족이 자신답게 살아갈 수 있도록 일상적인 돌봄 체계를 구축하고, 부모들이 매일 자녀의 권리를 지키기 위해 고군분투하다가 지쳐버리지 않도록 현실적인 지원책을 강화해야 한다. 또한 부모들이 자녀의 생존과 안전을 지키기 위해 자녀의 행동을 강요하고 억제할 수밖에 없도록 하는 현실의 구조적 문제를 면밀히 분석하고 개선해야 한다.

만약 돌봄이 신경다양인의 자율성을 억제하거나 그들을 '고장 났다'고 규정하는 대신 변화를 강요하지 않는 방식으로 이루어진다면, 그 돌봄은 어떤 형태를 하고 있을까?

위에서 설명한 것처럼, 돌봄의 위기 문제의 상당 부분은 자본주의 시스템의 산물이다. 자본주의는 소수에게만 혜택을 주고 대다수의 삶을 비참하게 만든다. 사람들의 관계와 연결을 가로막고, 우리를 점점 멀어지게 만들며, 많은 이들이 하루하루 생존만을 위해 몸부림치게 만든다.

한편 신경다양인들의 경제적 상황은 계속 악화하고 있다. 자본주의는 장애와 노동 불능을 도덕적 결함으로 규정하고, 사회에 '무임승차'한 것처럼 보이는 사람들에게 적대적 태도를 보이도록 부추긴다. 돌봄이나 경제적 지원이 필요한 사람들은 이러한 조롱의 시선을 받아내야 하고, 무능력하다는 비난과 더불어 자신에게 지원받을 자격이 있음을 끊임없이 증명해야 하는 상황에 내몰린다.

이런 맥락에서 기본소득 보장, 탈성장 경제, 부의 재분배와 같은 개입 방안들이 특히 주목받고 있다. 우리는 지구상의 모든 사람이 살아갈 수 있을 만큼의 충분한 자원을 이미 가지고 있다. 그러나 이런 자원이 모두에게 분배되려면, 사람들이 자본주의적 사치와 풍요에 대한 집착을 내려놓아야 한다. 그렇기에 신경다양성 운동은 언제나 반자본주의적일 수밖에 없다.

이해의 지평은 어디까지 넓어질 수 있을까

신경다양인과 그 가족이 필요로 하는 지원과 치료 방식을 결정하기 위해서는 충분한 지식이 필수적이다. 그러나 대부분의 사람은 신경다양성이나 장애에 대해 제대로 이해하지 못하고, 접할 기회나 경험도 많지 않다. 신경다양성 운동이 점차 대중화되고 있긴 하지만 여전히 많은 사람들은 신경다양성에 대한 충분한 이해가 부족하고, 의도는 좋더라도 구시대적 시각에 갇혀 있는 경우가 많다.

이는 장애인을 하급 시민으로 취급하고 무시하는 사회의 단면을 보여준다. 신경다양성이나 장애를 직접적으로 접한 경험이 없는 사람들은 이를 깊이 이해하려 하지도 않고, 당사자들의 이야기를 듣는 데도 별 관심이 없는 경우가 많다. 많은 사람이 직장, 학교, 사회적 관계 속에서 신경다양인을 만나게 되지만, 이해 부족으로 인해 신경다양인을 사회적으로 소외되거나 고립된 상태에 놓이게 만든다. 이런 상황이 우리를 위험에 빠트린다.

이에 대한 해결책으로, 신경다양성에 대한 폭넓은 기본 교육과 더불어 누구나 쉽게 접근 가능한 환경 조성, 아이들을 대상으로 한 조기 학습이 필요하다는 주장이 제기되고 있다. 이러한 교육과 훈련은 신경다양인 당사자들이 직접 설계하고 주도해 자신들의 경험을 진솔하게 전달하고 스스로 해결책을 찾을 수 있는 기반을 마련해야 한다.

신경다양성에 대한 이해를 높이고 낙인을 제거하면, 더

많은 사람이 공동체에 포용되고, 서로 더 많은 관계와 유대감을 형성할 수 있을 것이다. 이를 위해서는 신경다양인을 위한 사회 모임과 활동을 운영하는 MENCAP 같은 단체에 추가 예산을 지원할 필요가 있다. 데번 프라이스의 말처럼, 우리는 이러한 포용을 통해 오랫동안 우리를 얽매어 온 '정상성'의 틀을 깨고, 신경다양인처럼 기존 기준에 맞지 않는 사람도 존중받을 수 있도록 '정상'이라는 개념 자체를 확대해야 한다.

사회에서 신경다양인이 겪는 불이익을 이해하는 사람이 늘어날수록, 이러한 현실을 바꾸기 위해 연민하고 행동하는 사람도 늘어날 것이다. 신경다양인이 신경다양성을 긍정적으로 수용하는 문화를 만들고 발전시킨다면, 이러한 혁신은 더 널리 퍼지고 수용되어 사회 전반에 의미 있는 변화를 이끌어낼 것이다.

또 이 책에서 언급된 사람들처럼 이미 인종차별 반대, 반제국주의, 반자본주의, 페미니즘, 성소수자 및 트랜스젠더 해방 운동에 헌신하고 있는 사람들의 노력을 인정하고 지지해야 한다. 그러면 신경다양성을 지지하고 신경정상성에 맞서는 싸움이 이러한 해방 운동들과 긴밀하게 연결되어 있으며, 함께 나아가야 한다는 점을 더 명확히 보여줄 수 있을 것이다.

다양한 해방 운동이 서로 연대하는 것의 중요성과, 이러한 형태의 억압에 동시에 맞서 싸워야 하는 이유는 명백하다. 신경다양인에 대한 우생학적 차별에서 비롯된 억압적 관행을 끝내려면, 소수 인종, 다른 장애인, 노동 계급을 겨냥한 현대의 차별적 관행 또한 함께 철폐해야 하기 때문이다.

***

신경다양성 운동이 의미 있는 성과를 거두기 위해서는, 신경다양성에 대한 더 깊은 이해와 함께 장애인 차별주의적 신념, 관행, 시스템을 근본적으로 없애야 한다. 우리는 차별의 뿌리를 철저히 뽑아내고, 어디에서든 새로운 차별이 싹트지 않도록 경계해야 한다. 이를 위해서는 끊임없는 노력이 필요하며, 개방적인 마음으로 장애에 대해 솔직하고 깊은 대화를 꾸준히 이어가려는 의지가 필요하다.

비장애인들은 우리 사회가 얼마나 장애인들을 배제하는지, 비장애 중심적인 사고방식이 얼마나 널리 퍼져 있는지, 의료·산업 복합체 시스템이 '좋은' 몸과 정신, '나쁜' 몸과 정신을 구분하는 신념을 어떻게 형성해 내고 강화하는지 되짚어봐야 한다. 자신의 안락만을 위해 이러한 문제를 외면해서는 안 된다. 자신의 삶에는 차별과 억압이 직접적 영향을 미치지 않는다는 이유로, 장애와 관련된 문제를 대수롭지 않게 여기거나 무시해서는 안 된다.

미아 밍거스의 말처럼, "우리는 단순히 장애인들이 무언가를 이용할 수 있게 만드는 것에서 그쳐서는 안 되며, 애초에 접근성을 가로막고 장애인을 배제하는 사회 구조 자체를 변화시키는 일에 집중해야 한다".[9]

미래를 상상하는 힘

지난 수년간 자폐 연구의 방향에 대한 비판이 이어졌으며, 자폐인 커뮤니티와 학계 연구자 사이의 갈등 또한 그 어느 때보다 극명하게 드러났다. 그동안 연구자들은 자폐의 생물학적 원인을 밝히는 데 초점을 맞추고 자폐의 유전적 원인을 규명하려 했으나 끝내 뚜렷한 답을 찾아내지 못했다. 이런 연구는 자폐 원인을 찾아 제거하고자 하는 열망에서 비롯된 것으로, 오랜 기간 연구 자금 대부분이 여기에 집중되었다.

스펙트럼 10K 사례에서 볼 수 있듯이, 자폐인들이 변화를 요구하며 조직적으로 목소리를 내기 시작하면서 자폐 연구의 방향과 성격에도 더 큰 영향을 미칠 가능성이 커지고 있다. 이제 자폐인의 삶을 연구하는 학자들은 어쩌면 처음으로, 자신들의 연구가 초래할 결과를 책임져야 한다는 부담감을 지게 될 것이다. 여기에는 연구가 자폐인을 대하는 사회적 태도에 어떤 영향을 미치는지도 포함된다.

이러한 연구는 자폐에만 국한되지 않는다. 신경학적 상태에 대한 의학적 개입 자체에 초점을 맞춘 연구가 계속되고 있다. 예를 들어, 유전자 편집 기술을 활용해 다운증후군 아기의 출산을 예방하려는 '유전자 편집(CRISPR) 아기' 연구가 진행 중이다.[10] 2017년, 프랑스 연구진은 난독증 환자의 눈을 연구해 난독증의 원인을 밝히고 치료법을 찾을 수 있을 것이라고 발표하기도 했다.[11]

하지만 신경다양인의 삶과 경험을 신뢰하고 이들의 목소리를 경청할 때, 우리는 더 포용적이고 실질적인 연구 방향을 설정할 수 있다. 이제 자폐의 원인과 치료법을 찾으려는 쓸데없는 시도는 멈추고, 신경다양인에게 진정으로 도움이 되는 연구가 무엇인지 질문해보아야 한다. 예를 들어, 신경다양인의 삶의 질을 향상시키는 방법이나, 신경다양인이 매일 마주하는 사회적 장벽을 어떻게 해결할 수 있을 것인지에 초점을 맞춘 연구를 진행할 수 있다. 안정적인 주거와 일자리를 제공하는 최적의 방안을 찾거나, 교육 시스템을 더욱 포용적으로 확대하는 방법을 모색할 수도 있다. 신경다양인 부모의 경험을 다룰 수도 있고, 도움이 많이 필요한 신경다양인 자녀를 키우는 부모들이 구체적으로 어떤 지원을 필요로 하는지 조사해볼 수도 있을 것이다.

최근 MENCAP은 발달장애가 있는 사람들이 자신의 감정을 더 잘 이해하고 돌볼 수 있도록 도움을 주는 프로그램과 지원 체계를 원한다고 발표했다.[12] 신경다양인도 자신에게 가장 필요한 지원이 무엇인지 직접 이야기할 기회를 갖게 된다면, 가장 시급한 부분부터 도움을 줄 수 있다. 동시에 현재 부족한 부분을 파악해 이를 보완하고 새로운 프로그램을 개발하는 데 활용할 수도 있다.

이런 참여형 연구를 수행하려면 신경다양인들이 자신의 경험과 지식을 존중받을 권리, 즉 인식적 권위를 가져야 한다. 인식적 권위란, 사람들이 특정 주제에 대해 신뢰할 수 있는 정보와 지식을 제공할 수 있는 자격을 의미한다. 그러나 일부 연구자들은 자폐인들이 자폐 연구에 참여할 자격이 없다고 주장하고 있다. 자폐인들이 자폐에 대해 직접 겪은 경험을 이야기하더라도 이것이 신뢰할 만한 정보로 간주될 수 없다는 논리다.[13] 이런 주장은 자폐 연구계에 만연한 장애인 차별주의를 적나라하게 보여준다. 자폐인을 자신의 삶과 경험에 대해서조차 신뢰할 만한 지식을 제공할 수 없는 '열등한 존재'라고 여기며 이들의 목소리를 배제했던 것이다.

신경다양인의 요구를 진정으로 반영하는 연구를 진행하려면, 이러한 장애인 차별적 시각을 극복해야 한다. 신경다양인들이 공동 연구자이자 적극적 참여자로서 신뢰받아야 하며, 이들의 목소리가 정책과 여론 형성에 영향을 미칠 수 있도록 보장해야 한다. 모든 연구는 신경다양인의 관점과 의견을 존중하고 반영해야 하며, 오랫동안 뿌리내렸던 비인간화 문제를 바로잡아야 한다. 또 신경다양성 운동이 요구해온 변화의 목소리를 진지하게 수용해야 한다. 신경다양인이 연구의 대상이 아닌 주체로 자리 잡을 때, 신경다양성에 대한 진정한 이해와 존중을 바탕으로 한 연구를 꽃피울 수 있을 것이다.

신경다양성 운동이 품은 변화의 잠재력

자폐인, 신경다양인, 장애인, 그리고 이런 범주에 속하는 모든 사람의 삶을 포함하지 않는 해방 운동은 결코 진정한 해방 운동이라고 할 수 없다. 신경다양성은 더 나은 미래를 만들어가기 위해 활용할 수 있는 사상, 실천, 신념, 관점의 귀중

한 보물창고다. 나는 신경다양성이 '좋은 삶'을 사는 데 걸림돌이 된다고 생각하지 않는다. 오히려 문제는 우리가 '좋은 삶'을 정의하는 방식에 있다. 사회와 문화가 자본주의적 생산성을 기준으로 '좋은 삶'을 규정하는 탓에, 신경다양인들이 소외되고 배제되는 일이 반복되고 있는 것이다.

미국 인권운동가 마리아메 카바가 말했듯, "희망은 하나의 실천이다." 희망은 새로운 가능성을 상상하고, 새로운 무언가를 꿈꾸고 창조하며 세워나갈 수 있게 해주는 실천 방식이다.[14] 나 또한 희망이란 우리가 매일 선택해야 하는 것이라고 믿는다. 아직 상상조차 해보지 못한 새로운 방식의 존재 방식을 발견할 수 있으리라는 희망. 더 큰 기쁨을 누릴 수 있으리라는 희망.

신경다양성 운동은, 오랫동안 타인의 해석과 기준에 갇혀 자신의 욕구와 필요를 외면당했던 사람들에게 자율성과 주체성을 되찾아주려는 움직임이다. 이 운동은 신경다양인이 논의의 대상에서 벗어나 논의를 이끌어가는 주체로 자리매김하게 한다는 점에서 사회적으로 그 의미가 크다.

신경다양성 운동의 사회적 잠재력이 결코 간과되어서는 안 된다. 신경정상성을 거부하는 행위 자체가 사회의 변화를 향한 강력한 메시지다. 이 세상에는, 우리 모두 설 자리가 있다.

먼저 신경다양성 운동을 발전시켜온 모든 이들에게 깊은 감사를 전합니다. 이들의 사유와 글, 조직 활동, 연구, 노동, 돌봄, 협력이 있었기에 이 생각들이 빛을 볼 수 있었습니다.

저를 덜 외롭게 해준 모든 자폐인에게 감사합니다. 이 책에 열정과 애정을 쏟아주신 상냥하고 인내심 깊은 편집자 레오 홀리스에게도 감사를 전합니다. 끝없는 관심과 지지를 보여주신 부모님, 가족, 친구들에게 감사합니다. 제가 숨을 돌릴 시간이 필요할 때 배려해주셔서 고맙습니다. 제가 중요하게 여기는 주제들을 마음껏 이야기할 수 있게 해주셔서 고맙습니다. 때로는 지루했을지라도, 다들 열심히 들어줘서 고마워요. 캐서린과 엘리사에게도 감사합니다.

그리고 한국의 독자 여러분께.

신경다양성에 관심을 가져주시고, 시간을 내서 제 책을 읽어주셔서 정말 감사합니다. 재미있게 읽으셨기를 바라요.

이 책은 여러분 덕분에 세상에 나올 수 있었습니다. 앞으로도 함께, 그리고 자유로운 방향으로 나아가기를.

더 알기 위한 정보

단행본

Empire of Normality: Neurodiversity and Capitalism, Robert Chapman.

A Day with No Words, Tiff any Hammond.

Stim: An Autistic Anthology, edited by Lizzie Huxley-Jones.

Unmasking Autism: The Power of Embracing Our Hidden Neurodiversity, Dr. Devon Price.

Neuroqueer Heresies, Nick Walker.

We're Not Broken: Changing the Autism Conversation, Eric Garcia.

Untypical: How the World isn't Built for Autistic People and What We Can Do About It, Pete Wharmby.

Health Communism: A Surplus Manifesto, Artie Vierkant and Beatrice Adler-Bolton.

Mad World: The Politics of Mental Health, Micha Frazer-Carroll.

The Care Manifesto: The Politics of Interdependence, The Care Collective.

Autism in Adulthood (journal), editor-in-chief, Christina Nicolaidis.

웹사이트

Neuroclastic's Directory of Nonspeaker pages, blogs, & Media, neuroclastic. com

Sin's Invalid, sinsinvalid.org

Project LETS, projectlets.org

'Autistic Experience in the Majority World', youtube.com

The Spiral Lab, youtube.com

The Centre for Research in Autism and Education, youtube.com

Neuromancers, neuromancersmagazine.com

Open Future Learning, openfuturelearning.org

팟캐스트

Death Panel

Disorderland

인스타그램

@projectslets

@neuromancers_

@sinsinvalid

@neuroclastic

@nigh.functioning.autism

@fi dgets.and.fries

@drdevonprice

@blackneurodiversity

@dandelion.hill

@nonspeakers.r.us

@open_future_learning

주

서문

1. 이 책 전반에서 나는 '자폐인'(autistic person)이라는 용어를 사용할 것이다. 자폐는 내 정체성이기 때문이다. 이는 '자폐가 있는 사람'(person with autism) 등의 방식보다 내가 선호하는 방식이며, 다수의 자폐인이 동의하는 방식이기도 하다. 물론 모든 자폐인이 이 표현을 선호하는 것은 아니며, 그 또한 존중받을 일이다. 많은 자폐인이 왜 정체성 중심 언어를 선호하는지, 그리고 왜 이 말이 그토록 중요한지는 온라인에서도 찾아볼 수 있으니 궁금한 분들은 검색해보기를 바란다. 더 이해가 잘 되게 설명하자면, 나는 자신을 '레즈비언'이라고 표현하지, '레즈비언 성향이 있는 사람'이라고 하지 않는다. 이는 내 정체성이자 내가 누구인지를 정의하는 중요한 부분이기 때문이다.

2. '신경다양성'이라는 용어는 카시안 아사무사수(Kassiane Asasumasu)가 처음 사용했다.

3. Niko McCarty, "Psychiatric Conditions Hospitalize Almost One in Four Autistic Women by Age 25", Spectrum News, 31 October 2022, at spectrumnews.org.

4. David Gray-Hammond, "Autism, ADHD, Tourette's, Dyslexia: Higher Risk for Addiction & Suicide–#NoDejahVu", 9 September 2020, at neuroclastic. com.

5. Joseph Guan and Guohua Li, Injury Mortality in Individuals with Autism,

21 March 2017, at ajph.aphapublications.org.

6. Robert D. Austin and Gary P. Pisano, "Neurodiversity Is a Competitive Advantage: Why You Should Embrace It in Your Workforce", Harvard Business Review, May–June 2017, at hbr.org.

7. Jonny Thompson, "Does the Term 'Neurodiversity' Do More Harm than Good?", Big Think, 12 July 2021, at bigthink.com.

8. 이 책의 여러 부분에서 나는 자폐를 장애로 칭할 것이다. 자폐는 의학적·법적 관점에서 장애로 간주되며, 많은 자폐인이 자신을 장애인으로 정체화하고 있기 때문이다. 물론 모든 자폐인이 자폐를 장애로 받아들이는 것은 아니며, 내가 사용하는 표현을 강요하고자 하는 것도 아니다. 다만 사람들이 왜 '장애'라는 단어를 사용하는 데 거부감을 느끼는지 되짚어보길 바란다. 장애인으로 살아가는 것은 부끄러운 일이 아니며, 나는 이를 부정적으로 다루지 않을 것이다.

9. Marta Rose, @divergent_design_studios on Instagram, 2021, at instagram.com.

10. David Graeber, *The Utopia of Rules: On Technology, Stupidity, and the Secret Joys of Bureaucracy* (New York: Melville House, 2016), p.53.

11. Judy Singer, "Odd People In: The Birth of Community Amongst People on the Autism Spectrum: A Personal Exploration of a New Social Movement based on Neurological Diversity", an honours thesis presented to the Faculty of Humanities and Social Science, the University of Technology, Sydney.

12. Martijn Dekker, "A Correction on the Origin of the Term 'Neurodiversity'", in Martijn 'McDutchie' Dekker's blog, 2023, at inlv.org.

13. Jim Sinclair, "Don't Mourn for Us", Autism Network International, 3 October 2012, p. 1, at philosophy.ucsc.edu.

14. Judy Singer, *NeuroDiversity: The Birth of an Idea* (Judy Singer, 2017), p. 32.

15. Judy Singer, "Neurodiversity: Definition and Discussion", at eurodiversity2. blogspot.com.

16. Mia Mingus, "Changing the Framework: Disability Justice–How Our Communities Can Move Beyond Access to Wholeness", 12 February 2011, at leavingevidence.wordpress.com.

| 1장 | 신경다양성, 개념을 넘어 운동으로

1. Judy Singer, " 'Why Can't You Be Normal for Once in Your Life?' From a 'Problem with No Name' to the Emergence of a New Category of Difference", in Mairian Corker and Sally French, eds, *Disability Discourse* (Buckingham: Open University Press, 1999), p.64.

2. Judy Singer, *NeuroDiversity: The Birth of an Idea* (Judy Singer, 2017), p.9.

3. Hannah Furfaro, "New Evidence Ties Hans Asperger to Nazi Eugenics Program", Spectrum News, 19 April 2018, at spectrum news.org.

4. 이 책 전반에 '발달장애'와 '지적장애'라는 표현이 혼용되어 있을 수 있다. 지역별로 사용하는 언어가 달라서 그렇다.

5. Disabled World, "Models of Disability: Types and Definitions", 10 September 2010, at disabled-world.com.

6. Nick Walker, "Throw Away the Master's Tools: Liberating Ourselves from the Pathology Paradigm", 2013, at neuroqueer.com.

7. 이 책을 쓰는 동안 싱어는 트랜스젠더 커뮤니티와 신경다양성 운동에 참여하는 사람들을 향해 여러 차례 부정적인 견해를 드러내며 현재의 운동이 '광신적'이라고 주장했다. 나는 이 견해에 동의하지 않는다. 그녀가 이 운동에 기여한 점은 인정하지만, 싱어의 한계를 넘어 더 나아가고자 노력하는 이들의 활동에 더욱 감사한다. 지금도 신경다양인의 해방을 위해 힘쓰는

사람들이 많으며, 나는 그들의 노력에서 큰 희망을 본다.

8. 내가 자폐인 커뮤니티를 대표하는 유일한 목소리가 아닌 만큼, 기능 수준을 나타내는 용어에 반대하지 않는 자폐인도 있다는 점을 짚고 넘어가려 한다. 그들의 의견 역시 존중받아야 한다. 일부 사람들은 '고기능 자폐' 같은 용어가 자신의 생활을 설명하는 데 유용하다고 느끼며, 이를 긍정적으로 받아들인다.

9. 더 자세히 알고 싶다면, 줄리아 바스콤의 *The Obsessive Joy of Autism* (London: Jessica Kingsley, 2015), 제니퍼 화이트존슨의 "Autistic Joy as an Act of Resistance"(2019.10.25, thinkingautismguide.com)를 참고하라.

10. '무발화'(non-verbal)라는 표현 대신 '비언어'(non-speaking)라는 용어를 사용했다. 자료를 찾아본 결과, 이들이 '비언어'라는 표현을 더 선호한다는 것을 알게 되었기 때문이다. 비언어 자폐인에 대해 궁금하다면, Neuro-clastic의 비언어 아카이브(neuroclastic.com)를 추천한다.

11. 2013년부로 아스퍼거증후군은 정신질환 진단 및 통계 편람에서 삭제되었다. 이는 논란을 불러일으키기도 했으나, 자폐가 '좋은 자폐인'과 '별로인 자폐인'으로 나뉘는 직선형 스펙트럼이 아닌 훨씬 폭넓고 다양한 개념임을 이해하게 된 결과다.

12. Steven K. Kapp, "Profound Concerns about 'Profound Autism': Dangers of Severity Scales and Functioning Labels for Support Needs", 19 January 2023, at mdpi.com.

13. Heini Natri et al., "Anti-Ableist Language Is Fully Compatible with High-Quality Autism Research"–a response to Singer et al., 2023, psyarxiv.com.

14. 위의 자료.

15. Mary Doherty, "Weaponized Heterogeneity Only Harms the Most Vulnerable Autistic People", *Spectrum*, 17 April 2023, at spectrumnews.org.

16. Singer, *NeuroDiversity*, pp.42–43.

17. Patrick Dwyer, "The Neurodiversity Approach(es): What Are They and What Do They Mean for Researchers?", *Human Development* 66: 2 (May 2022), p.75.

18. 여기서 '정상화'라는 표현은 장애인이나 신경다양인을 사회가 정의하는 '정상'적인 인간의 기준, 예를 들어 비장애인으로 만들려는 목표를 의미하지 않는다.

19. Ashley Blanchard, Stanford Chihuri, Carolyn G. DiGuiseppi, and Guohua Li, "Risk of Self-harm in Children and Adults with Autism Spectrum Disorder", *JAMA Network Open* 4: 20 (19 October 2021), at ncbi.nlm.nih.gov.

20. Robert Chapman, "Neurodiversity, Disability, Wellbeing", in Hanna Rosqvist, Nick Chown, and Anna Stenning, eds, *Neurodiversity Studies: A New Critical Paradigm* (London: Routledge, 2020), p.66.

21. 위의 책, p.67.

22. Gavin R. Stewart et al., "Traumatic Life Experiences and PostTraumatic Stress Symptoms in Middle-Aged and Older Adults with and without Autistic Traits", *International Journal of Geriatric Psychiatry*, 23 December 2021, at onlinelibrary.wiley.com.

23. Monique Botha and Eilidh Cage, "Autism Research Is in Crisis": A Mixed Method Study of Researchers' Constructions of Autistic People and Autism Research', *Frontiers in Psychology*, 24 November 2022, at frontiersin.org.

24. 위의 글.

25. Lily Roberts, Mia Ives-Rublee and Rose Khattar, "COVID-19 Likely Resulted in 1.2 Million More Disabled People by the End of 2021–Workplaces and Policy Will Need to Adapt", *Center for American Progress*, 9 February 2022, at americanprogress.org.

26. World Health Organization, "Disability", at who.int.

27. Health Foundation, "6 Out of 10 People Who Have Died from COVID-19 Are Disabled", 11 February 2021, at health.org.uk.

28. 더 궁금하다면 다음을 참고하라. NCD, "2021 Progress Report: The Impact of COVID-19 on People with Disabilities", 29 October 2021, at ncd. gov; Shubo Zhang and Zhang Chen, "China's Prevention Policy for People with Disabilities during the COVID-19 Epidemic", *Disability and Society*, 16 June 2021, at tandfonline.com.

29. Open Access Government, "Report Finds COVID Patients with Learning Disabilities Given Blanket DNRs", 13 October 2021, at openaccessgovernment.com.

30. Public Health England, "People with Learning Disabilities Had Higher Death Rate from COVID-19", press release, 12 November 2020, at gov.uk.

31. Stephen Powis et al., "Do Not Attempt Cardiopulmonary Resuscitation (D-NACPR) and People with a Learning Disability and or Autism", 4 March 2021, at england.nhs.uk.

32. Devon Price, "Seeking an Autism Diagnosis? Here's Why You Might Want to Rethink That", 4 August 2022, at devonprice.medium.com.

33. Lenny Bernstein, "People with Autism, Intellectual Disabilities Fight Bias in Transplants", *Washington Post*, 4 March 2017.

34. Michael Roppolo, "They Say Their Children Are Being Denied Transplants Because of Their Disabilities: A New Federal Law May Help Change That", *CBS News*, 28 February 2022, at cbsnews.com.

35. Tess McClure, "New Zealand Denies Entry to Autistic Daughter of Immigrant Couple", *Guardian*, 25 April 2022.

| 2장 | 신경다양성은 왜 사회적 의제가 되었나

1. Renate Lindeman, "A Moral Duty to Abort", *Huff post*, 21 September 2017, at huff post.com.

2. Steve Jones, *The Language of Genes: Solving the Mysteries of Our Genetic Past, Present, and Future* (London: Flamingo, 2000), p.19에서 인용함.

3. *NPR*, "The Supreme Court Ruling that Led to 70,000 Forced Sterilizations", 7 March 2016, at NPR.org.

4. Jasmine E. Harris, "Why Buck v. Bell Still Matters", 14 October 2020, at blog.petrieflom.law.harvard.edu.

5. 우생학의 역사가 궁금하다면 다음 사이트를 참고하라. eugenicsarchives. ca.

6. 관련 내용이 더 궁금하다면, 다음을 참고하라. Linda Steele and Beth Goldblatt, "The Human Rights of Women and Girls with Disabilities: Sterilization and Other Coercive Responses to Menstruation", in Chris Bobel et al., *The Palgrave Handbook of Critical Menstruation Studies* (London: Palgrave Macmillan, 2020).

7. Alisa Opar, "In Search of Truce in the Autism Wars", Spectrum News, 24 April 2019, at spectrumnews.org.에서 인용함.

8. Jesse Meadows, "You're Using the Word 'Neurodiversity' Wrong", 12 August 2021, at jessemeadows.medium.com.

9. Nick Chown, "Language Games Used to Construct Autism as Pathology", in Hanna Rosqvist, Nick Chown, and Anna Stenning, eds, *Neurodiversity Studies: A New Critical Paradigm* (London: Routledge, 2020), p.35.

10. 프레이저 캐롤이 '광인'이라는 표현을 사용한 것은 이 이름 아래 존재하는 사유와 정치적 조직화를 반영하기 위함이며, 이러한 범주가 가지는 정

치적 성격을 강조하기 위해서였다. 원문에서는 '광인' 단어가 강조되어 있다.

11. Micha Frazer-Carroll, *Mad World: The Politics of Mental Health* (London: Pluto, 2023), p.19.

12. 위의 책.

13. *Catch 22*, "Neurodiversity in the Criminal Justice System", 12 January 2022, at catch-22.org.uk.

14. John Lewis, "Researchers Debunk Myths about Autism and Crime", *Otago Daily Times*, 5 February 2022, at odt.co.nz.

15. David M. Perry and Lawrence Carter-Long, "The Ruderman White Paper on Media Coverage of Law Enforcement Use of Force and Disability", March 2016, at rudermanfoundation.org.

16. *BBC News*, "Elijah McClain: 'No Legal Basis' for Detention that Led to Death", 22 February 2021, at bbc.co.uk.

17. Laura Crane, Katie L. Maras, Tamsyn Hawken, Sue Mulcahy, and Amina Memon, "Experiences of Autism Spectrum Disorder and Policing in England and Wales: Surveying Police and the Autism Community", *Journal of Autism and Development Disorders* 46: 6 (June 2016), at link.springer. com.

18. Yvonne Roberts, "Trauma of Autistic Boy Shackled by Police", *Guardian*, 16 February 2013.

19. Robert Chapman, "Is Police Abolition a Neurodiversity Issue, Too?", *Psychology Today*, 2 July 2020, at psychologytoday.com.

20. INCITE!, "Critical Resistance Statement: Statement on Gender Violence and the Prison-Industrial Complex", 2001, at incitenational.org. 'INCITE! Women of Color Against Violence'는 현재 'INCITE! Women, Gender Non-Conforming, and Trans People of Color Against Violence'라는 이름

으로 알려져 있다.

21. Joseph Shapiro, "The Sexual Assault Epidemic No One Talks About", NPR, 8 January 2018, at npr.org.

22. NHS, "Learning Disability Services Monthly Statistics, 2021", at digital. nhs.uk.

23. Jayne McCubbin and Ruth Clegg, "100 People Held More than 20 Years in "Institutions" ", BBC News, 24 November 2021, at bbc.co.uk.

24. Robert Booth, "Family of Autistic Man Plan Legal Challenge Over Care Conditions", *Guardian*, 2 January 2022.

25. Wikipedia, *Silent Minority*, at en.wikipedia.org.

26. Amelia Hill, "Winterbourne View Care Home Staff Jailed for Abusing Residents", *Guardian*, 26 October 2012.

27. Robert Booth, "Care Home in Kent Gives Families 10 Hours' Notice of Closure", *Guardian*, 6 December 2021.

28. Kylie Cheung, "Ruth Wilson Gilmore Says Freedom Is a Physical Place– But Can We Find It?", *Jezebel*, 21 June 2022, at jezebel.com에서 인용함.

29. Damian Milton, "On the Ontological Status of Autism: The 'Double Empathy Problem'", *Disability & Society* 26: 6 (2012), at kar.kent.ac.uk.

30. Noah J. Sasson et al., "Neurotypical Peers Are Less Willing to Interact with Those with Autism Based on Thin Slice Judgments", *Nature Scientific Reports* 7 (1 February 2017), at ncbi.nlm.nih.gov; Catherine J. Crompton et al., "Autistic Peer-to-Peer Information Transfer Is Highly Effective", *Autism* 24: 7 (October 2020), at journals.sagepub.com.

31. Mari J. Matsuda, "Beside My Sister, Facing the Enemy: Legal Theory Out of Coalition", *Stanford Law Review* 43: 6 (July 1991), pp.1183–1192.

32. Licia Carlson, "Cognitive Ableism and Disability Studies: Feminist Reflections on the History of Mental Retardation", *Hypatia* 16: 4, Autumn 2021,

pp.124–146. 이 논문은 2001년에 작성된 것으로, 현재는 시대에 뒤떨어진 용어를 사용하고 있다. 따라서 본문 내용을 요약할 때는 더 적절한 표현을 사용했다.

33. Robert McCrossin, "Finding the True Number of Females with Autism Spectrum Disorder by Estimating the Biases in Initial Recognition and Clinical Diagnosis", *Children* 9: 2 (17 February 2022).

34. Casey Rentz, "Black and Latino Children Are Often Overlooked When It Comes to Autism", *NPR*, 19 March 2018, at npr.org.

35. Licia Carlson, "Cognitive Ableism and Disability Studies: Feminist Reflections on the History of Mental Retardation", *Hypatia*, 9 January 2009, p.129.

36. 위의 글, p.131.

| 3장 | 장애정의 운동과의 만남

1. Amanda Morris, "Court Overturns FDA Ban on School"s Electric Shock Devices", *New York Times*, 15 July 2021.

2. Ole Ivar Lovaas et al., "A Behavior Modification Approach to the Treatment of Autistic Children", *Journal of Autism and Developmental Disorders* 4: 2 (March 1974), p.118.

3. UK Parliament, "Draft Mental Health Bill 2022", at publications.parliament.uk.

4. Elizabeth Devita-Raeburn, "The Controversy Over Autism's Most Common Therapy", *Transmitter*, 10 August 2016, at spectrumnews.org.

5. Margaret F. Gibson and Patty Douglas, "Disturbing Behaviours: Ole Ivar Lovaas and the Queer History of Autism Science", in *Catalyst: Feminism,*

Theory, Technoscience 4: 2 (2018), p.5.

6. 위의 글, p.9.

7. 위의 글, p.10.

8. Ole Ivar Lovaas, "Behavioural Treatment and Normal Educational and Intellectual Functioning in Young Autistic Children", *Star Academy*, 27 September 1987, p.8(강조는 필자의 것).

9. Brandy Zadrozny, "Parents Are Poisoning Their Children with Bleach to 'Cure' Autism: These Moms Are Trying to Stop It", *NBC News*, 21 May 2019, at nbcnews.com.

10. @auttobe on TikTok.

11. Tabika D. Brown, "Look Who's Talking Detox Guide", at auttobe.com.

12. Lisa Sweetingham, "Exorcist's Brother Says God Claimed Autistic Boy's Life, Not Defendant", *CNN*, 9 July 2004, at edition.cnn.com.

13. Miltinnie Yih, "God's Role in My Son's Autism", Voice: Dallas Theological Seminary, 3 July 2013, at voice.dts.edu.

14. Jim Sinclair, "Don't Mourn for Us", Autism Network International, 3 October 2012, p.1, at philosophy.ucsc.edu.

15. 변화를 요구한 사례가 궁금하다면 다음을 참고하라. Angel L. Miles, Akemi Nishida, and Anjali J. Forber-Pratt, "An Open Letter to White Disability Studies and Ableist Institutions of Higher Education", *Disability Studies Quarterly* 37: 3 (summer 2017).

16. Patty Berne, "Disability Justice–A Working Draft", in Sins Invalid, *Skin, Tooth, and Bone: The Basis of Our Movement Is Our People: A Disability Justice Primer* (Sins Invalid, 2016), p.12.

17. "Disability Rights, Studies and Justice: Disability Justice", 2022, at resourceguides.hampshire.edu.

18. Patty Berne and the Sins Invalid family, "10 Principles of Disability Jus-

tice", in *Skin, Tooth, and Bone*, p.16.

19. Mia Mingus, "How Our Communities Can Move Beyond Access to Wholeness", 12 February 2011, at leavingevidence.wordpress.com.

20. Eve L. Ewing, "Mariame Kaba: Everything Worthwhile Is Done with Other People", *Adi Magazine*, fall 2019, at adimagazine.com.

21. 유색인종 자폐인의 삶에 대해 더 읽어보고 싶다면 다음을 참고하라. Lydia X. Z. Brown, E. Ashkenazy, and Morénike Giwa Onaiwu, eds, *All the Weight of Our Dreams: On Living Racialized Autism* (London: Dragon-Bee, 2017).

22. 원문 전체는 다음을 보라. "We Can't Address Disability Without Addressing Race", at learnplaythrive.com.

23. Daniel J. Losen, Paul Martinez, and Grace Hae Rim Shin, "Disabling Inequity: The Urgent Need for Race-Conscious Resource Remedies", Civil Rights Project, 23 March 2021, at civilrightsproject.ucla.edu.

24. Marti Hause and Ari Melber, "Half of People Killed by Police Have a Disability: Report", *NBC News*, 15 March 2016, at nbcnews.com; Erin J. McCauley, "The Cumulative Probability of Arrest by 28 Years in the United States by Disability Status, Race/Ethnicity, and Gender", *American Journal of Public Health* 107: 12 (December 2017), pp.1977–1981.

25. Theresa Vargas, "Remember Neli Latson, the Black Teen with Autism Who Seemed 'Suspicious' Sitting Outside a Library? Ten Years after His Arrest, He Still Isn't Fully Free", *Washington Post*, 10 June 2020.

26. University of Cambridge, "Transgender and Gender-Diverse Individuals Are More Likely to Be Autistic and Report Higher Autistic Traits", 7 August 2020, at cam.ac.uk. 또 다음을 참고하라. Anna I. R. van der Miesen, Hannah Hurley, Anneloes M. Bal, and Annelou L. C. de Vries, "Prevalence of the Wish to Be of the Opposite Gender in Adolescents and Adults with

Autism Spectrum Disorder", *Archives of Sexual Behaviour* 47: 8 (November 2018).

27. Elizabeth Weir, Carrie Allison and Simon Baron-Cohen, "The Sexual Health, Orientation, and Activity of Autistic Adolescents and Adults", *Autism Research* 14: 11 (November 2021).

28. 여기서 '성소수자'라는 용어는 시스젠더와 이성애자를 제외한 모든 사람을 포괄하는 말로 쓰였다.

29. 일부 원주민은 이를 '두 개의 영혼'(Two-spirit)으로 칭한다.

30. "Hospitals; the treatment of gender dysphoria in minors performed in hospitals and other licensed healthcare facilities; prohibit certain surgical procedures", at legiscan.com.

31. 신경다양성과 트랜스젠더 정체성에 대해 더 알고 싶다면 다음을 참고하라. J. Logan Smilges, "Neurotrans: Thorazine, HIV, and Marsha P.", *Transgender Studies Quarterly* 9: 4 (1 November 2022).

32. Shahar Shapria and Leeat Granek, "Negotiating Psychiatric Cisgenderism–Ableism in the Transgender–Autism Nexus", *Feminism and Psychology* 29: 4 (10 June 2019), p. 503(강조는 필자의 것).

33. "Neuroqueer: An Introduction", in Nick Walker, *Neuroqueer Heresies: Notes on the Neurodiversity Paradigm, Autistic Empowerment, and Postnormal Possibilities* (Fort Worth, TX: Autonomous Press, 2021), p.160.

34. 위의 책, p.172.

35. Noel Titheradge, "Children Punched and Hit Over the Head in Care Homes Rated 'Good'", *BBC News*, 24 January 2023, at bbc.co.uk.

36. Robert Chapman and Havi Carel, "Neurodiversity, Epistemic Injustice, and the Good Human Life", *Journal of Social Philosophy* 53: 4 (1 March 2022), p.615.

37. 위의 글.

|4장| 노동과 빈곤, 그리고 살아가는 조건들

1. James Cusack, "Autistic People Still Face the Highest Rates of Unemployment of All Disabled Groups", *Autistica*, 18 February 2021, at autistica.org. uk; "MENCAP Employment–Research and Statistics", at mencap.org.uk.

2. *Epic*, "1 in 70 Australians Has Autism, and Only 40% Are Employed", 2 April 2019, at epicassist.org.

3. Editor, "China Focus: Chinese Families Strive to Improve Lives of Children with Autism", *Xinhuanet*, 2 April 2021, at xinhuanet.com.

4. Amelia Horgan, *Lost in Work: Escaping Capitalism* (London: Pluto, 2021), p.11.

5. Branden Khong, "The Lifetime Costs of Attention Deficit Hyperactivity Disorder (ADHD)", Centre for Mental Health, 2014, p. 16, at centreformentalhealth.org.uk.

6. Scope, "Disability Price Tag", at scope.org.uk.

7. New Policy Institute, "Disability and Poverty", August 2016, at npi.org.uk.

8. Mónica Pinilla-Roncancio et al., "Multidimensional Poverty and Disability: A Case Control Study in India, Cameroon, and Guatemala", *SSM Population Health*, May 2020, at researchonline.lshtm.ac.uk.

9. National Autistic Society, "The Autism Employment Gap", 2016, base-uk. org.

10. 2021년 연구에 따르면, 영국 자폐인들은 자신의 진단 사실을 공개하는 것이 손해를 감수할 만큼 충분한 이익이 있는지 많은 고민을 한다고 한다. 관련 내용은 다음을 참고하라. Anna Melissa Romualdez, Brett Heas-

man, Zachary Walker, Jade Davies, and Anna Remington, "People Might Understand Me Better": Diagnostic Disclosure Experiences of Autistic Individuals in the Workplace", *Autism in Adulthood* 3: 2 (7 June 2021).

11. British Museum, "Sensory Map", at britishmuseum.org.

12. Helen Castle, "Designing Buildings for Neurodiversity and Sensory Impact", *RIBA Journal*, 2 March 2022, at ribaj.com.

13. stickmancommunications.co.uk.

14. Ravi Malhotra and Jacqueline Moizer, "Crip Time, Castoriadis, and Disability Rights in the Workplace", 2023, at youtube.com.

15. Julia Espelöer, Julia Proft, Christine M. Falter-Wagner, and Kai Vogeley, "Alarmingly Large Unemployment Gap Despite of Above-Average Education in Adults with ASD without Intellectual Disability in Germany: A Cross-Sectional Study", *European Archives of Psychiatry and Clinical Neuroscience* 273: 3 (May 2022).

16. Robert Chapman, "Neoliberal, Marxist, and Intersectional Justice Approaches to Neurodiversity", *Critical Neurodiversity*, 31 December 2021, at criticalneurodiversity.com.

17. Horgan, *Lost in Work*, p.13.

18. @Telegraph on Twitter, 2023, at shorturl.at/ablI6.

19. Frances Ryan, *Crippled: Austerity and the Demonization of Disabled People* (London: Verso, 2020), p.3.

20. Disability Rights UK, "Disability Benefi t Spending Reduced by £5 Billion Over the Last Decade", 23 September 2018, at disabilityrightsuk.org; Jon Vale, "Majority of Disability Benefits Claimants Being Left with Not Enough to Live On, Campaigners Warn", *Independent*, 18 January 2018.

21. Social Security Administration, "Facts", at ssa.gov.

22. Connor Boyd, "Wheelchair-Bound Benefits Cheat Is Caught Falsely

Claiming £17,000 in Disability Benefit by Photograph of Her Riding an ELEPHANT", *Daily Mail*, 22 August 2019.

23. Disabled People Against Cuts, "The UN Report into UK Government Maltreatment of Disabled People Has Been Published", 7 November 2016, at dpac.uk.net.

24. 영국의 정부 예산 삭감이 장애인에게 미친 영향에 대해 더 궁금하다면 Ryan, *Crippled*를 보라.

25. Frank Mc Besag, "Epilepsy in Patients with Autism: Links, Risks and Treatment Challenges", *Neuropsychiatric Disease and Treatment*, 18 December 2017.

26. shapingourlives.org.uk.

27. Elissa Ball, "Almost One-Third of Autistic Children in the United States Live in Poverty", *Spectrum*, 19 August 2020, at spectrumnews.org.

28. CarersUK, "Breaks or Breakdown", Carers Week 2021 Report, 2021, at carersuk.org.

29. House of Commons Library, "Adult Social Care Funding (England)", at commonslibrary.parliament.uk.

30. Lauren Nicolle, "Just One in Seven Secondary School Teachers Have Received Autism Training", *Learning Disability Today*, 1 June 2023, at learningdisabilitytoday.co.uk.

31. Office for National Statistics, "Outcomes for Disabled People in the UK: 2021", at ons.gov.uk.

32. 관련 내용이 궁금하다면 다음을 참고하라. Patrick Dwyer et al., "Building NeurodiversityInclusive Postsecondary Campuses: Recommendations for Leaders in Higher Education", *Autism in Adulthood* 5: 1 (13 March 2023).

| 5장 | 신경다양성, 다음 세상을 상상하다

1. Yulin Cheng et al., "Neurodiversity and Community-Led Rights Based Movements: Barriers and Opportunities for Global Research Partnerships", *Autism* 27: 3 (April 2023).

2. Monique Botha and Eilidh Cage, "Autism Research Is in Crisis": A Mixed Method Study of Researchers" Constructions of Autistic People and Autism Research", *Frontiers in Psychology*, 24 November 2022, at frontiersin.org.

3. Language Acts and Worldmaking, "Who We Are", at languageacts.org.

4. Ruth Clegg, Harriet Agerholm and Alison Benjamin, "Young Autistic People Still Dying Despite Coroner Warnings Over Care", *BBC News*, 7 September 2023, at bbc.co.uk.

5. The Care Collective, *The Care Manifesto: The Politics of Interdependence* (London: Verso, 2020), p.44.

6. Sara Luterman, "Jordyn Zimmerman Is Redefining Communication as a Nonspeaking Advocate for Disability Rights", in *The 19th News*, 19 April 2023, at 19thnews.org.

7. Henny Kupferstein, "Evidence of Increased PTSD Symptoms in Autistics Exposed to Applied Behavior Analysis", January 2018, at hennykdotcom.files.wordpress.com; Daniel A. Wilkenfield and Allison M. McCarthy, "Ethical Concerns with Applied Behavior Analysis for Autism Spectrum "Disorder", *Kennedy Institute of Ethics Journal* 30: 1 (2020).

8. B. Reichow, Kara Hume, Erin E. Barton and Brian A. Boyd, "Early Intensive Behavioral Intervention (EIBI) for Increasing Functional Behaviors and Skills in Young Children with Autism Spectrum Disorders (ASD)", *Cochrane Database of Systemic Reviews*, 9 May 2018, at cochrane.org.

9. Mia Mingus, "Disability Justice is Simply Another Term for Love", 13 Octo-

ber 2018, at leavingevidence.wordpress.com.

10. Heidi Ledford, "Why CRISPR Babies Are Still Too Risky–Embryo Studies Highlight Challenges", *Nature*, 10 March 2023.

11. Valerie Howes, "Scientists May Have Found a Cause–and a Cure–for Dyslexia", *Today's Parent*, 19 October 2017, todaysparent.com.

12. MENCAP, LinkedIn Post, September 2023, at linkedin.com.

13. Botha and Cage, "'Autism Research Is in Crisis.'"

14. Mariame Kaba, "Hope Is a Discipline", *Toward Freedom*, 17 September 2020, at towardfreedom.org.

바깥의 존재들
정상성의 경계를 허무는 신경다양성 운동

초판 1쇄 발행 2025년 9월 22일

지은이 조디 헤어
옮긴이 최인

펴낸곳 이상북스
펴낸이 김영미
출판등록 제313-2009-7호(2009년 1월 13일)
주소 03711 서울특별시 서대문구 가재울미래로 2, 108-1102
전화번호 02-6082-2562
팩스 02-3144-2562
이메일 klaff@hanmail.net

ISBN 979-11-94144-10-6 03300